スポーツ少年の運動能力を
飛躍的に向上させる

# 「眼」の強い作り方

元ニューヨーク・メッツ
コンディショニングコーチ
立花龍司

竹書房

# はじめに

2019年度の学校保健統計調査によると、裸眼視力が「1・0未満」の割合は小学生が34・57％、中学生が57・47％、高校生が67・64％でいずれも過去最高という報告がなされています。

また、裸眼視力が「0・3未満」の割合は小学生9・38％、中学生27・07％、高校生38・98％で、小学生だけが過去最高の数値となってしまっています。

近年のスマホやポータブルゲームなどの普及に伴い、子供たちの視力の数値は悪化の一途をたどっています。

一方、〝眼〟と同様に大切だと言われる〝歯〟のほうは、虫歯発症率が年々低下しています。これは、歯磨き粉などの進化が大きな要因とされています。

かつて、「スポーツマンは歯が命」とよく言われていました。しかし、現代の子供たちにとって危機的状況にあるのは、先述した学校保健統計調査の結果からもわかるように目のほうです。

スポーツマンにとって〝眼〟が大切なのは当たり前のことですが、そんなかつては当たり前だったことが今は危機的状況にあるといえます。

私は過去、コンディショニングコーチとして日本のプロ野球をはじめ、メジャーリーグ、日本の社会人野球、大学野球、ボーイズリーグ（小中学校硬式野球）など、さまざまな年代の野球チームに携わってきました。

選手たちのコンディションを整える仕事ですから、普段からスポーツ科学、医療といった最新の学術論文もよく読むようにしています。今まで国内外のさまざまな論文を読んできましたが、スポーツの競技成績と視力の関係性を調べた論文も数多く発表されており、そのほとんどが視力と競技成績は相関性が高いという結論にいたっていました。

スポーツは、「視覚（ビジョン）」に支えられているといっても過言ではありません。普段から目の力を意識し、目の機能や役割を知ることはアスリートにとってとても大切なことなのです。

スポーツの世界では〝心技体〟が大切だとよく言われますが、これからはそこに〝眼〟も加わり〝心技体・眼〟となる時代です。私も今まで「もうここまでか」とプロの世界をあきらめかけていた選手が「眼のトレーニング」をしたことによって、復活を果たした例を何人も見てきました。これからの時代は〝心技体〟と〝眼〟、この4つが最大のパフォーマンスを発揮する上での大切な要素となってきます。

そこで本書では、現代を生きる人たちの視力低下を防ぎ、かつ動体視力や周辺視野などを改善し〝強い眼〟にしていくための情報やトレーニング方法をご紹介していきます。

また、スマホやゲーム等の使用によって、低下してしまった視力の回復法などにもアプローチしていきたいと思っています。

本文の中で詳しく述べますが、「眼のトレーニング」は子供たちの近視を改善して運動能力をアップさせるだけでなく、学習能力を向上させる効果もあります。さらに、「眼のトレーニング」によって受ける脳への刺激などが、高齢者のボケ防止に役立つこともわかっています。

本書には、現代社会を生きるあらゆる世代の方々に通用する〝眼〟の情報が満載です。トレーニングに関しても、誰でも簡単にできるものだけを厳選してご紹介しています。この作品が、令和という新時代を生きるみなさんの人生をより豊かにするための一助となれば、著者としてこれほどうれしいことはありません。

スポーツ少年の運動能力を飛躍的に向上させる

# 強い「眼」の作り方

目次

## 第２章
## 視力と視覚は違う
## 目の基礎知識

第3章 **見る力を高めよう！**

## 第4章 ビジョントレーニングとは？

## 第5章　体を動かすビジョントレーニング

## 第6章 目にいい生活と食事

# 第1章

# 目の新事実
# 昔の常識も今は非常識!?

今の子供たちはテレビ、パソコンのみならずポータブルゲームやスマホといった小さな画面ばかりを見て過ごしています。いつも近くばかりを見ていますから、遠くを見ることはあまりありません。そんな理由から、今の子供たちは一昔前の子供たちと比べると、単なる視力だけでなく、動体視力や周辺視野を捉える力も衰えてきています。

もちろん、視力が衰えてきているのは子供たちばかりではなく、私たち大人も同様です。今では科学の進歩に伴い、〝眼〟に関してもいろんなことがわかってきていますが、昔の常識が今は非常識になっていることも珍しくはありません。

そこで本章では、〝眼〟の専門家である東邦大学医療センター・大森病院眼科で診療部長を務めていらっしゃる堀裕一教授と、名古屋で特別視機能研究所を開設しているオプトメトリスト・内藤貴雄先生にご協力いただき、現代の〝眼〟の新事実に迫っていきます。

## ブルーライトはいいの？　悪いの？

これは、東邦大学医療センターの堀教授に伺った話です。

近年よく聞く言葉に「ブルーライト」というものがあります。これは液晶テレビやスマホ画面などに用いられている光線のことですが、このブルーライトはあまり浴びないほうがいいと言われています。浴びすぎることによって、網膜などに障害が残る可能性があるからです（ブルーライトを長時間浴びると網膜の視細胞が影響を受け、高齢になってから加齢黄斑変性などになりやすくなる)。

そういった事情から、近年ではスマホやパソコン画面のブルーライトをカットするフィルムもたくさん販売されていますし、メガネもブルーライトカットメガネが売られています。仕事で一日中パソコンとにらめっこしているような人は、抗酸化作用のあるルテインを含むサプリを飲むと、ブルーライトに対する防御の力が体に備わるのでお薦めです。

また、そういった光線の一種である紫色の光は「バイオレットライト」と呼ばれ(紫外線ではない)、これは太陽光の中にも含まれています。

このバイオレットライトはブルーライトとは異なり、目に浴びたほうが近眼になりにくいという動物実験の結果が報告されているそうです。家の中にばかりいる子より、外で遊んでいる子のほうが近視になりにくいという報告もあり、太陽光を浴びることはやはり大切なのかもしれません。

余談ですが、何かと悪者扱いされがちなブルーライトですが、実は害ばかりではありません。

太陽光にもブルーライトは含まれており、このブルーライトによって朝、体内時計のスイッチが入り、夜になると眠くなるという働きがなされているのです。

つまり、体内時計をオフにしなければならない夜に、スマホやパソコンによってブルーライトを浴びるのは、サーカディアンリズム（人間が本能的に持っている24時間のリズム）を崩していることになります。

そういったわけで、日中に適度にブルーライトを浴びるのは人間にとってよいことであり、逆に夜にブルーライトを浴びるのは生活のリズムを崩すことになるので、できるだけ避けたほうがいいのです。

## 人間はもともと遠視だった

人間の目は、遠くを見ている時はピントを合わせる水晶体が薄くなり、近くのものを見る時は水晶体が厚くなります。

水晶体の厚さを変えているのは毛様体筋という筋肉なのですが、水晶体を厚くしている（近くのものを見ている）時ほど、この毛様体筋を使っています。つまり、水晶体が薄い時には毛様体筋はそれほど使われておらず、近くのものを見る時ほど毛様体筋が使われています。加齢とともに老眼になるのは、この毛様体筋の働きが鈍くなり、近くのものが見えづらくなるからなのです。

堀教授によると、昔から「緑色は目にいい」と言われていて、緑色が自律神経によく、気持ちを休ませる効果があるとされていますが、実際に「目の病気が治る」という意味ではないとのことです。また、緑といえば山の木々を思い出しますが、遠くの山を見るのは目にいい、それが転じて「緑は目にいい」となったのかもしれません。

先述したように、近くのものを見る時は毛様体筋が使われていますから、筋肉が緊張状態にあります。逆に遠くを見ている時、毛様体筋はリラックスしています。人はボーッとしている時、目のピントが合っていないように見えますが、これは毛様体筋がリラックス状態にあるからです。

人類の起源はアフリカにあるとされていますが、太古の時代、人間は狩りをすることで食料を確保していました。

平原の動物たちを見つけるには、遠くを見る視力が必要です。そういった生活を続けていたかつての人類は、自然と遠視になっていたと思われます。

しかし、私たち現代人は日常の中で遠くを見ることはほとんどなくなり、近くのものばかりを見る生活を続けています。毛様体筋が一日中緊張状態にあるわけですから、毛様体筋の疲労度は相当なものです。疲労のたまった毛様体筋は次第に固くなり、リラックスした状態に戻りづらくなってしまいます。その結果、遠くのものが見えづらくなり、近視になってしまうのです。

ちなみに、アジア人は他の人種よりも近視の人の割合が多いという統計もあります。私たち日本人に近視が多いのは遺伝的な要素も多分に含まれていますが、目の健康のためにも普段から遠くを見るようにして、目をリラックスさせるようにするといいでしょう。

## スマホの見すぎに注意 ——斜視になる危険性が！

スマホやポータブルゲームといった電子機器の普及により、近視の子供が増えています。堀教授によると、その近視に加え、スマホなどを長時間見ているために最近急増している目の病気があるといいます。それは、片方の目が内側に寄ってしまう「急性内斜視」という病気です。一部ではこれを、「スマホ斜視」と呼んでいます。

人間の目は、近くのものを見る時は寄り目になります。スマホの長時間使用などで、この寄り目の状態が習慣化することが急性の内斜視の原因と考えられています。

斜視になると、初期症状としてものが二重に見えるようになります。その状態を放置しておくと、脳が勝手に片方の目だけでものを見るようになってしまいます。片目で見ているわけですから、当然のことながら両目で見る機能（ものを立体的に捉える機能）は低下します。野球をしている子供が急性内斜視になったとしたら、打撃での打ち損じや三振、守備でのエラーがきっと多くなるでしょう。

幼児期は、両目でものを見る機能がまだしっかりと完成していません。ですから幼稚園から小学生くらいまでは、とくにスマホなどの取り扱いには注意が必要なのです。

## 視力アップの本やアプリは効果があるのか？

近年、「写真を見るだけで目がよくなる」と謳った本が人気を呼んでいます。これらの本は本当に効果があるのかどうか堀教授に伺ったところ、写真を見たからといって視機能が回復するかどうかは不明ですが、毛様体筋の緊張を取るような効果や、美しい風景の写真を見ることなどによってリラックス効果が生まれ、目の健康にはいいのではないかとの意見をいただきました。

目でものを見るということは、単に視力の問題だけではなく、心や感性といったものにも影響を及ぼします。美しい風景や鮮やかな絵を見るというのは心身にリラックス効果を生み、結果として目にもよい影響を及ぼすということなのでしょう。

また、スマホの普及に伴っていろんなアプリが登場していますが、さまざまな視力回復アプリが登場していることをみなさんご存じでしょうか。

私もある視力回復アプリを自分のスマホに入れています。それはふたつの絵を両目で見ながらひとつに重ね、立体視するというもので、これが視力の回復につながるとされています。

このように、ふたつの絵を重ね、立体的に見るというプログラムはビジョントレーニングにも取り入れられており、「両目のチームワーク」の柔軟性を向上させるのに役立つものです。そういった理由から、視力回復アプリがそのまま視力の回復につながることはないかもしれませんが、目の健康には間違いなくいいと言っていいでしょう。

## レーシック手術をしたからといって永久に視力が改善されるわけではない

近年、視力回復の方法として誰もが知る存在となった「レーシック」。

これは目の屈折矯正手術ですが、角膜を削り、ピントを近視から遠視側に合わせることによって視力を改善するという手術です。

レーシックが流行りはじめた当時は、雨後のたけのこのようにレーシックを扱う眼科が増えました。そして、しっかりとした技術、あるいは手術するのにふさわしい設備を備えていない眼科でもレーシック手術が行われ、集団感染事件が起こったりもしました。

この事件以降、業界の淘汰も進み、今現在レーシックを取り扱っているクリニックは、きちんと対応してくれるところが多いようです。

しかし、堀教授によると眼科の学会などではレーシック手術を積極的には薦めておらず、コンタクトやメガネで問題がないのであれば、そのままでいたほうがいいというのが意見の大勢を占めているそうです。

私の知り合いのプロ野球選手でも、このレーシック手術を受けた選手がたくさんいます。私が近視だと知っている選手は、手術後に「立花さん、レーシック手術をしたほうがいいですよ。世界が変わりますよ」と言ってきます。しかし、何年か経つと目がかすんだり、視力が以前より悪くなってしまったりと、術後にいい状態を保っている選手ばかりではないというのが実状です。

近視や老眼は、加齢とともに進んでいきます。レーシックを受けた直後は視力が改善されるかもしれませんが、その状態も加齢によって変化していきます。つまり、レーシックをしたからといって、その回復した視力が永久に保たれるわけでは決してないのです。

また、これはある眼科医に聞いたのですが、レーシック手術をすると、その後ドライアイ気味の状態になる人がとても多いそうです。そういう理由で、普段からドライアイ気味の人にはレーシックは薦めないと言っていました。

レーシックは、どんな人にでも合った手術ではありません。ですから、手術を受ける場合は事前に検査をしっかり受け、自分の目がレーシックに合っているかどうかを見極めてからにしてください。

## 視力（遠くを見る力）があればいいというわけではない

日米通算4367安打を放つなど、さまざまな偉大な記録を残し、20

19年に現役を引退したイチロー選手。彼はバッティングのみならず、外野の守備でもすばらしいプレーを幾度も私たちに見せてくれていたので、視力も相当いいのだろうとみなさんお思いのことでしょう。

しかし、特別視機能研究所の内藤先生によると、イチロー選手はもともと視力が1・2あったわけではなかったといいます（もちろん、メガネをかけるほど悪くはありませんが）。

そこで、日本からメジャーリーグのシアトルマリナーズに移籍した当時、イチロー選手はコンタクトレンズを薦められ、一度試したことがあるそうです。しかし、彼にはコンタクトレンズによるその見え方が合わなかったようで、すぐに使用するのをやめたそうです。

バッティングでも守備でも、視力が悪ければ好成績を収めることはできません。しかし、イチロー選手がコンタクトを使わずとも好成績を収め続けることができた事実は、「スポーツ（とくに球技）をする上で、必ずしも〝視力がよければそれですべてよし〟というわけではない」ことを私たちに教えてくれています。

スポーツで好成績を収めるために高い視力は重要ではあるものの、それ以外にも目の機能にはたくさんの要素があり、それらをしっかり整えていくことがとても大切なのです。視力以外にも、ふたつの目をうまく協調して使ってボールの軌道を立体的に捉え、その球筋を読むという「両目のチームワーク」や、目と脳と体の連携がとても重要だといえます。

また、両目をうまく使う機能には、遠くと近くをバランスよく見る能力も含まれます。しかしながら、日本では就学検査などで遠方視力（どれだけ遠くが見えるか）しか測らず、近くのものが見えているかどうかという近方視力は測りません。

老眼を検査する場合に近方視力は測りますが、実は子供にも近くのものがよく見えていない子が一部にいて、とくに遠方視力のいい子ほど要注意なのです。

先述したイチロー選手は、打席に入ってからバットを目の前に掲げる動きのルーティンを必ず行っていました。彼は「日々やっていることを同じようにやることが大切。心からもっていくのは難しいですが、体をいつもと同じように動かせば、そのうち心がついてくる」（『イチロー主義』東邦出版）と語っています。バットを目の前に掲げながら、「ピント合わせのウォーミングアップ」をすることによって、精神を整えていたのかもしれません。

世間では「視力がよければそれですべてよし」とされてしまうことが多いですが、実は視力以上に大切な要素があり、それが「両目の使い方」なのです。

## 歳を取っても脳は活性化できる

本書のテーマは〝眼〟ですが、目と脳と体は私たちが思っている以上に密接につながっています（そのことに関しては第2章以降でご説明していきます）。そして、科学の進歩とともに、目や脳に関する新事実も次々と明らかになっています。ここで、内藤先生から伺った脳に関する新事実をひとつお話ししましょう。

１９５０年代頃まで、脳科学者の間では歳を取るにつれて脳細胞の数はどんどん減り、脳は衰えていく一方であると考えられていました。

しかし、１９９０年代に入って脳科学の研究が進んでいくと、脳の神経細胞の数は歳を取るごとに減少しても、細胞同士をつなぐ脳のネットワークであるシナプスは数を増やしたり、結びつきを強くしたりすることがわかりました。

つまり、脳は歳を取れば衰える一方なのではなく、いい刺激を与えられれば脳内のネットワークはより強固になり、活性化していくのです。

さらに２０００年代に入ると、脳はいい刺激を与えられ続けると古い細胞を修復、再生するのに加え、新たな細胞を生み出す場合もあることがアメリカの学会で発表されました。

脳は高齢になればなるほど衰えると思われていましたが、何歳になっても適切な刺激を与え続ければ活性化していく。現代の脳科学では、これは当たり前の概念となっているのです。

本書でこれからご紹介していく「眼のトレーニング」は、見る力を改善してくれるだけではなく、脳にいい刺激を与えて頭の回転を速くしたり、ボケを防止したりする効果もあります。

とはいえ、脳に一番いい刺激を与えてくれるのは、毎日を生き生きと生活していくことに違いありません。

70歳、80歳になってから新たな語学を勉強してみる。絵や書を習ってみる。楽器の演奏をしてみるなど、それまでやったことのない新たな分野に挑戦することは、脳にもとてもいい刺激を与えてくれます。

「高齢になったら大人しく隠居生活」は、はるか昔の常識です。これからの時代は、何歳になっても新たなことにチャレンジしていく。それが21世紀の新常識なのです。

# 第2章

# 視力と視覚は違う
# 目の基礎知識

## 視力と視覚は違う

視力は近くのもの、あるいは遠くのものがどれだけちゃんと見えるかを表したものです。視力はたとえ悪くなったとしても、メガネやコンタクトで矯正できます。

本書では視力に関しても触れますが、大きく取り扱うのは「視覚」のほうです。

視覚とは総合的な「見る力」を示すもので、先述した視力は「見る力」のほんの一部の機能にすぎません。

では、視力と「見る力」の違いとは何でしょう。
まず次のページの写真を見てください。何に見えますか?

さあ、あなたは写真が何に見えたでしょうか。
汚れた壁？
何かの模様？
衛星写真？
それとも？
なかなか「何か」が見えてこなかった人もきっと多いと思います。
それでは、次のページの答えを見てみてください。

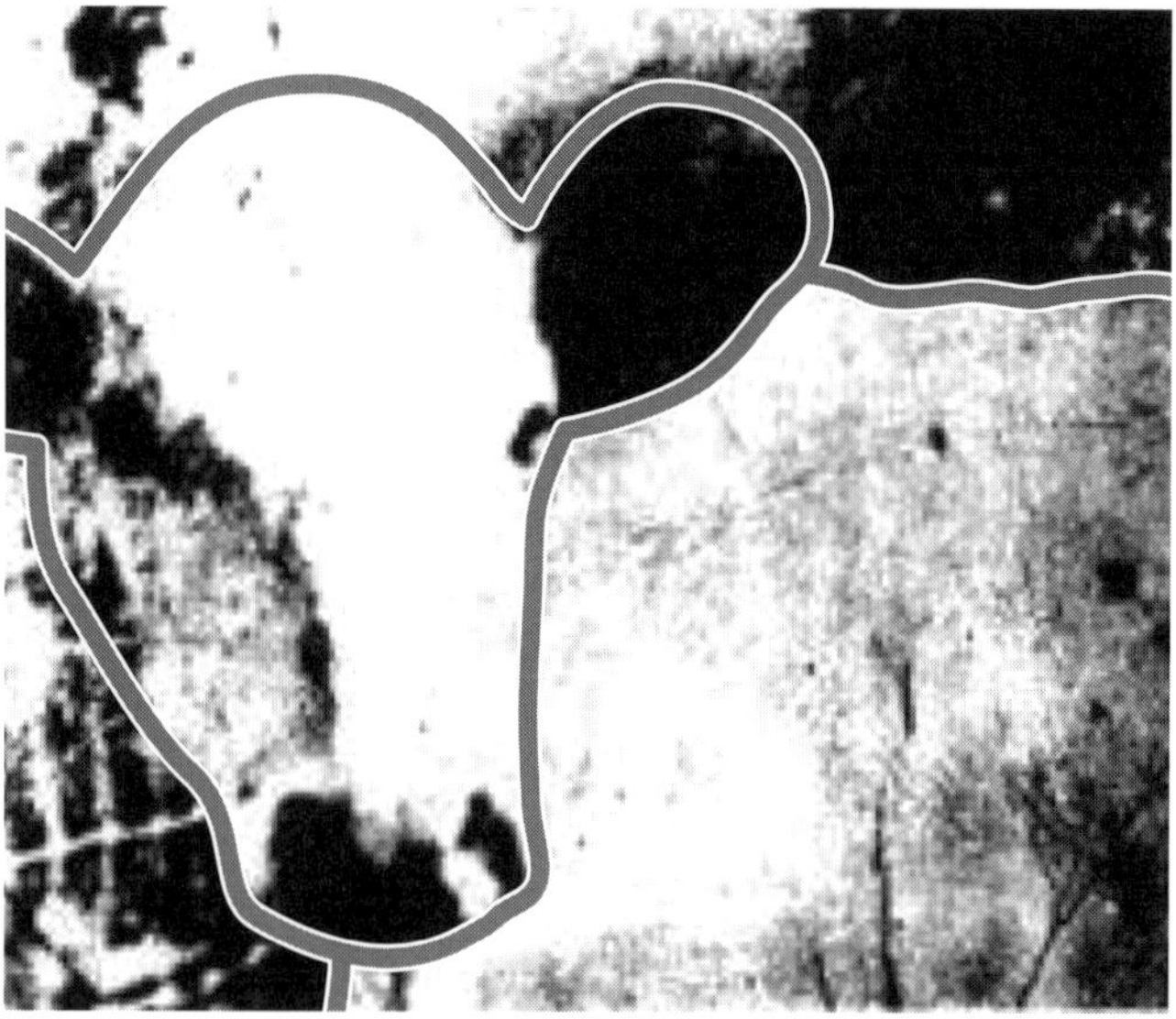

答えは「牛」です。

私たちは目に入ってきた映像を脳で確認し、それを過去の情報と照らし合わせながら「それが何であるか？」を認識します。

写真が何かわからなかったり、別のものに見えたりした人は、それが過去の情報とうまく結びつかなかったため、脳が「これだ」と認識することができなかったのです。

答えが「牛」だとわかった上で、最初の写真を見てみてください。あなたの脳はこの写真が「牛」だと認識していますから、この写真がもう「牛」にしか見えないはずです。これが視力と「見る力（視覚）」の違いです。視力は「見る」ことだけですが、視覚は見たものに意味を与える仕事をしてくれるのです。

先の写真の答えがわかれば、多くの人はそれが「牛」にしか見えなくなりますが、中には一度「牛」と認識したのに、その後改めて見ると「何の写真かわからない」という状況になってしまう人もいます。これは、過去に見た映像をすぐにフィードバックできないために起こる現象です。

例えば、野球で毎日フライを捕る練習をしていれば、打球のスピード、角度などで落下地点が予測できるようになり、フライを捕るのがうまくなっていきます。脳に存在する情報をどれだけうまく引き出せるか。その能力が「フィードバック」なのです。

このフィードバックは、勉強の能力とも深くつながっています。昔、アメリカにリンドン・ジョンソンという大統領がいました。その大統領の娘はＩＱが高いのに勉強能力が低かったそうです。頭が悪いわけではないのに、勉強してもなかなか成績が上がらない。調べてみると、その娘は視覚に問題のあることがわかりました。その後、見る力を改善させるトレーニングを行ったところ、一気に成績が上がったそうです（Ｐ１０５で詳述）。

〝眼〟を改善することで、運動能力だけではなく学習能力も上げることができます。本書を読めば、それが理解していただけると思います。

## 今の子供たちは〝見る力〟が衰えている

自然の中であまり遊ばなくなった現代の子供たちは、ゲームやパソコン、スマホなどばかりを見ているため近視傾向になってしまう子が多く、目でものを捉える能力、空間の奥行きを目で認識する能力なども、一昔前の子供たちに比べると格段に劣っているといえます。

なぜ、今の子供たちの視力が衰えてしまったのか。それをわかりやすくご説明しましょう。

図Aのように、人間は水晶体というレンズを通してものを認識します。

［図A］

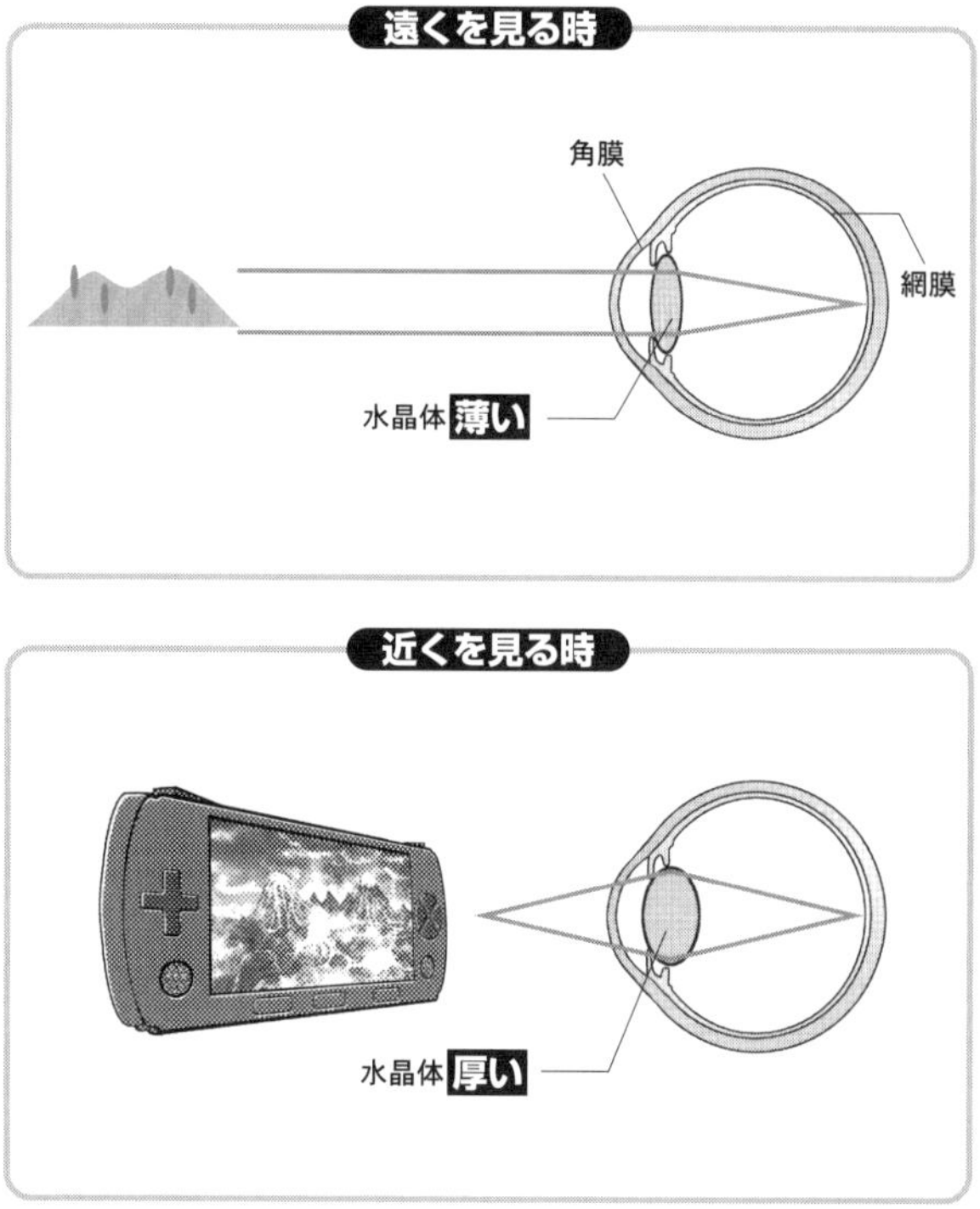


人間は水晶体というレンズを通してものを認識する。水晶体は遠くのものを見ている時は薄くなり、近くのものを見る時は厚くなる。少年野球でバッターボックスに入れば、約16mほど離れたところにいるピッチャーを見る。つまり、ピッチャーが投げる前の水晶体は薄く、投球が目の前に迫ってきた時には厚くなる。

目は、遠くのものを見ている時はレンズが薄くなり、近くのものを見る時は厚くなるようにできています。

遠くの景色を見る時には水晶体は薄く、手に持った本など近くを見ている時には水晶体は厚くなっているわけです。

そして、水晶体を薄くしたり、厚くしたりしているのが、瞳にあるチン小帯と毛様体筋という筋肉です（図B）。

水晶体を薄くしたり、厚くしたりするのは先述した毛様体筋によって行われますが、これは自律神経と直結しているため、普段も頻繁に使っていないとその感覚は衰えていきます。

［図B］

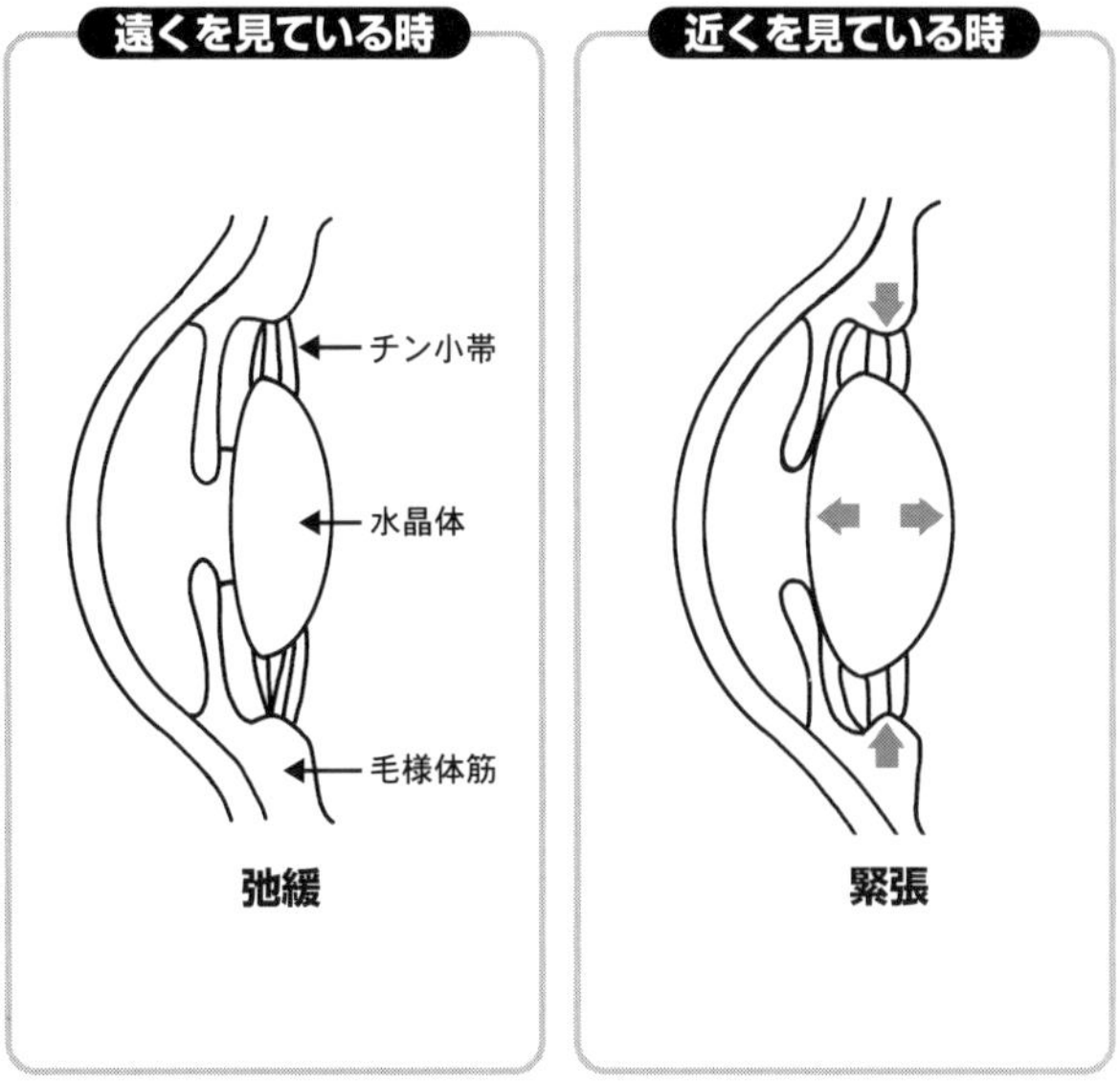


チン小体と毛様体筋というふたつの筋肉が、水晶体を厚くしたり薄くしたりしている。水晶体を厚くしたり薄くしたりする動きは筋肉によって行われるため、使わなければその働きはどんどん低下していく。

今の子供たちは、勉強や読書ではもちろん、スマホやゲーム、テレビなど、いつも近くのもの（同距離のもの）ばかりを見ている時間が増え、ずっと毛様体筋に力がかかった状態でいるので、それが場合によっては近視傾向を促進させることになります。

しかし、この水晶体を支える筋肉を使う感覚は鍛えることができます。目の筋肉を鍛えることで「見る力」は改善することができるのです。そのトレーニング方法に関しては次章以降でご説明していきます。

## 見る力は体の３つの機能で支えられている

ここまでご説明してきたように、視力と視覚は違います。そして、このふたつが組み合わさることで、私たちは「見て、判断して、動く」という作業を毎日ごく普通に行っているわけです。

朝起きてご飯を食べる。服を着替えて駅に行く。私たちはこういった作業、行動を当たり前のように毎日行っていますが、実はこれは当たり前のことではなく、目と脳と体が複雑につながり合うことで実現しているのです。

目と脳と体をつなげる「見る力」。この力を支えているのは次の3つの機能です。

① はっきり見る力（視力）

②　立体的に見る力（両目のチームワーク力）
③　目と脳と体で見る力（脳の情報処理能力）

ひとつ目の「はっきり見る力」は視力のことです。視力は衰えても、メガネやコンタクトレンズなどで矯正することができます。

ふたつ目の「立体的に見る力」は、対象物をすばやく正確に見るための両目の動きです。目がよく動き、ピントをすばやく合わせるという「両目のチームワーク」が必要となります。

3つ目の「目と脳と体で見る力」は、目から入ってきた情報を脳で処理して記憶としてインプットしたり、体で反応するように指令を出したりする機能です。脳は視覚だけではなく、聴覚や触覚などの五感からも情報を集めていますから、目と脳と体をうまく連携させていくためには五感からの刺激もとても大切です。

ここに挙げた3つの機能が組み合わさることで、人間の「見る力」となります（図C）。そしてふたつ目の「立体的に見る力」と3つ目の「目と脳と体で見る力」は、トレーニングによって改善していくことができます。

その方法をまとめたのが本書なのです。

［ 図C ］

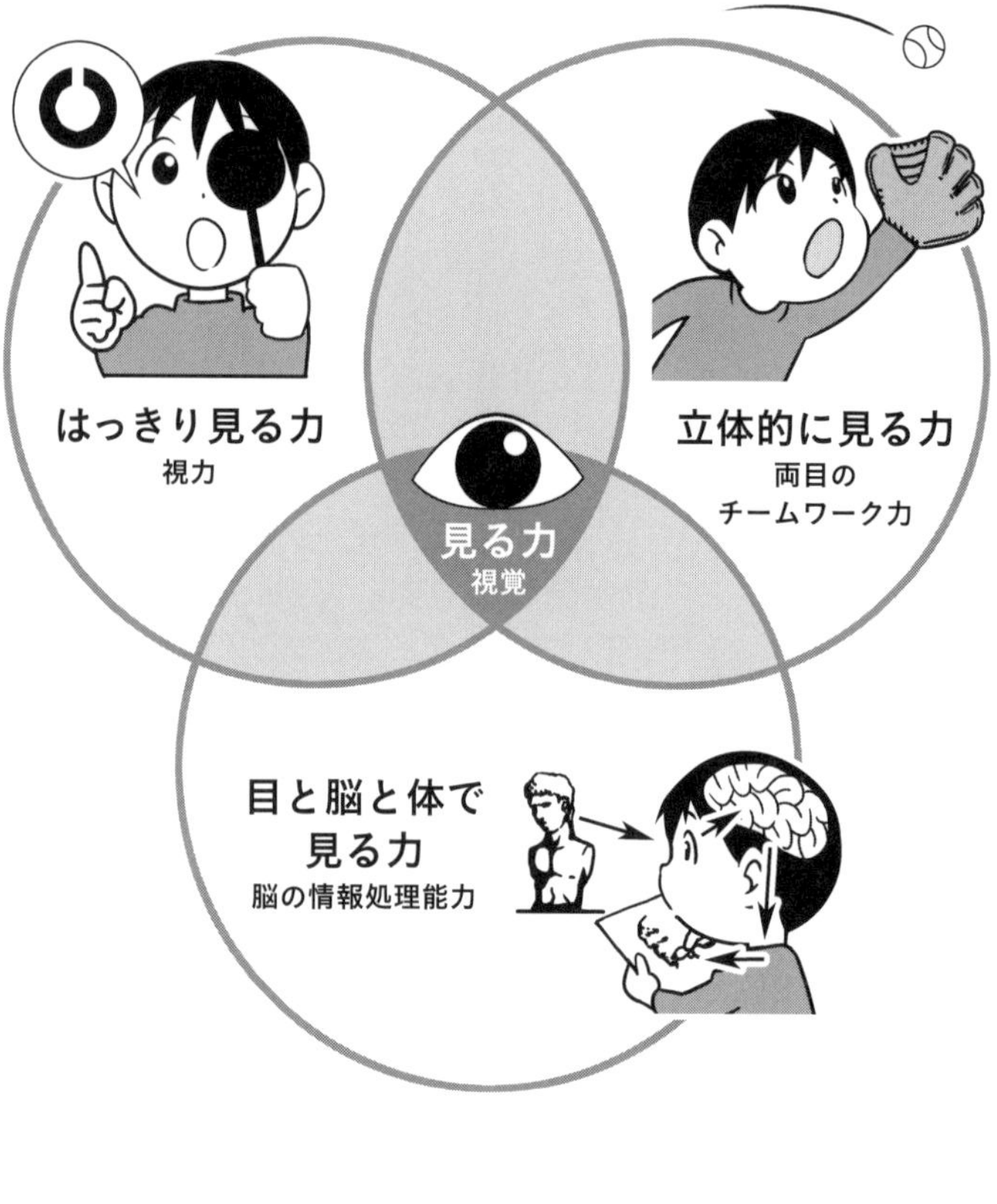

## 目は鍛えられる
## ——プロ野球選手も目を鍛えることで復活した

1990年代初頭、私は近鉄バファローズでコンディショニングコーチを務めていました。その頃、アメリカの〝眼〟に関する文献を読み、メジャーリーグでは「眼のトレーニング」をしているチームが結構あることを知りました。しかし、当時の日本ではプロ野球はもちろんですが、スポーツ界全体を見渡してもそのようなことをしている団体あるいはチームはありませんでした。

ちょうどその頃、当時バファローズのレギュラーだった大石大二郎選手がメガネをすることで視力の衰えをカバーし、成績を伸ばしました。

アスリートが100%の力を発揮するには〝眼〟の力も大いに関係がある。そう気づいた私は、名古屋で「眼のトレーニング」をしているオプトメトリストの内藤貴雄先生と出会い、さらに知見を深めました。実は大石選手も、内藤先生のところでメガネを作っていたのです。

こうして私は、体のトレーニングだけでなく「眼のトレーニング」も非常に重要なことに気づき、プロ野球選手たちに〝眼〟の大切さとトレーニング方法を説いてきました。

千葉ロッテマリーンズでコーチをしていた時代に、小坂誠という内野手がいました。彼は当時、リーグを代表する名手と言われていましたが、ある時、急に守備の調子を崩しました。そして、その原因を探っていくと視覚の問題に突き当たりました。

シーズン開幕前のキャンプ、そしてオープン戦と、それまでの彼だったらありえないようなエラーを何度も繰り返し、守備が絶不調でした。また打撃面でも、アウトコースのスライダーなどはまったく打てなくなっていました。

当時の首脳陣の中には「あいつはたるんどる。走らせとけ！」と言うような人もいましたが、私は「誰よりもストイックな小坂選手が、たるんでいるという理由でエラーするわけはない。何かきっとフィジカル面に問題がある」と思い、その結果、目に異状があるのではないかと考えるようになりました。

彼とともに原因を追及していくと、打撃面（彼は左打者）では外のスライダーにうまく反応ができず、守備面（守備位置はショート）では、センターへ抜けるような二遊間に飛んできた当たりのエラーが多いということがわかってきました。

前項で述べたように、人はふたつの目から入ってくる情報を協調しながら3D空間としての情報を獲得し、さまざまなことを認識して判断、判別しているわけです。

小坂選手はどうやら自分の目の前、右から左へと通り過ぎていく物体の認識がうまくできていないようでした。私はそういった傾向を見て、「両目のチームワーク」がうまく機能していないからだと結論づけました。そこで、名古屋の内藤先生のところに連れていって調べてもらったところ、右方向から来たボールを両目で捉える際に、「両目のチームワーク」が崩れているため、ボールの位置感覚に戸惑っていることがわかりました。視覚機能の中の「両目のチームワーク」が乱れていたのです。

小坂選手はその後、どの角度からのボールにも対応できる「両目のチームワーク」や、動体視力を鍛えるマシンでのトレーニングなど、総合的にさまざまなトレーニングを行い、元の守備力を取り戻しました。

プロ野球を引退していく選手の多くが、その理由に「視力の衰え」を挙げます。しかし、私は「眼のトレーニング」をすることで、体力の衰えたベテラン選手であっても現役生活を引き延ばせる、30代後半となってもさらにひと花、ふた花咲かせられることを理解しました。

そのいい例が43歳まで現役を続け、２０１９年に引退した千葉ロッテマリーンズの福浦和也選手です。

彼は一軍に定着した20代前半の頃から、私と一緒に「眼のトレーニング」を続け、体だけではなく動体視力の能力も高めていきました。その地道な努力の成果が「43歳まで現役」という結果となって表れたのだと思います。

本書では運動能力をさらに伸ばしたい子供、さらに30代、40代、50代といくつになってもスポーツを続けていきたい大人の方々など、みなさんに手に取って読んでいただきたい内容が満載です。

歳を取ったからといって「私の実力も体力もこんなもんだ」とあきらめる必要はまったくありません。何歳の人であっても、自分の実力をもうひと伸び、ふた伸びさせてくれるのが本書でご紹介していく「眼のトレーニング」なのです。

第3章

# 見る力を高めよう!

目の動きは、脳によってコントロールされています。脳から指令を受けた目は、できるだけ早く正確に目の前の情報を集めようとします。これを支えているのが次の４つの機能であり、本章ではその４つの力をより高めるための理論と、具体的なトレーニング方法をご紹介していきます。「見る力」を高めるための要素はこの４つです。

- 目の柔軟性を高める
- 目の可動範囲を広げる
- 両目の協調性（両目のチームワーク）を高める
- 周辺視野を広げる

それでは今から、目を動かす基礎的なトレーニングをご紹介していきます。いずれのトレーニングも1日2回が目安です。コツコツと毎日続けることでその成果が少しずつ出てきます。

## まずはストレッチ
## ——「眼のトレーニング」の前に

「眼のトレーニング」をする前に、まずは「眼のストレッチ」をしましょう。このストレッチはこれから始めるトレーニングの前だけでなく、スポーツをする前の目の準備運動としても最適です。

## 1 アイ・ストレッチ

リラックスした状態でまっすぐ正面を向きます。その状態から顔は動かさずに目だけを上下左右、斜めとイラストのように動かします。

## 2 アイ・ローテーション

アイ・ストレッチ同様、リラックスした状態で正面を向きます。顔を

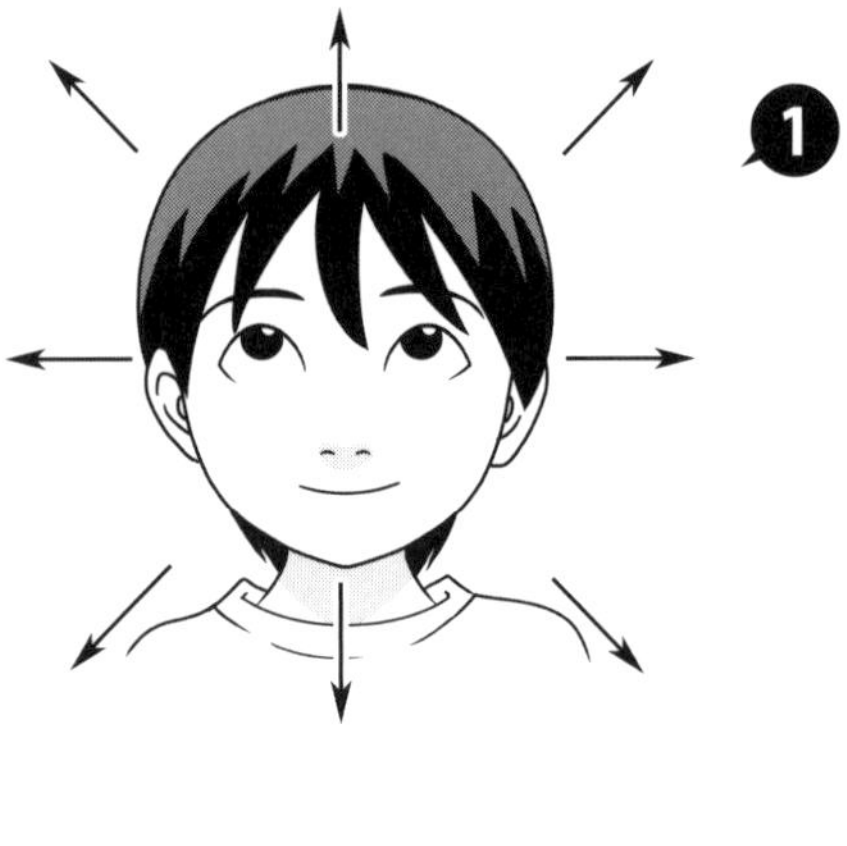

動かさず、両目を最初は時計回りに大きく、ゆっくりと2回転させます。その次は逆回しに2回転。次は同様に8の字を描くように2回転させ、終わったら逆回しで2回転してください。慣れてきたら目を閉じてやってみましょう。目を閉じると何も見えませんが、目の筋肉の動きの感覚だけを頼りに眼球をコントロールするのは「見る力」を養う上でとても重要です。

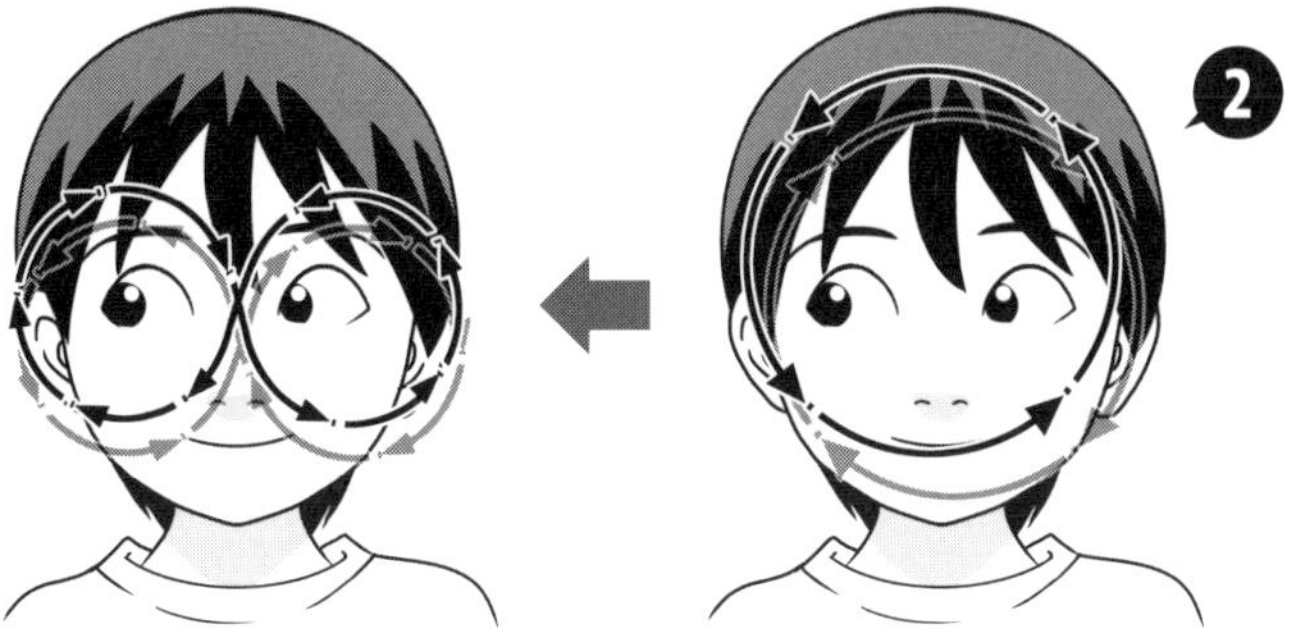

## 3 ヘッド・スイング

リラックスした状態で、まず正面を見ます。その際、真正面に何か目標となるものがあるようにしてください。その目標物を両目でしっかりと見ながら、顔をゆっくり右、左に振ります。次に、顔を上下にゆっくりと振ります。どの動きも、視線は目標物を外さないようにしてくだ

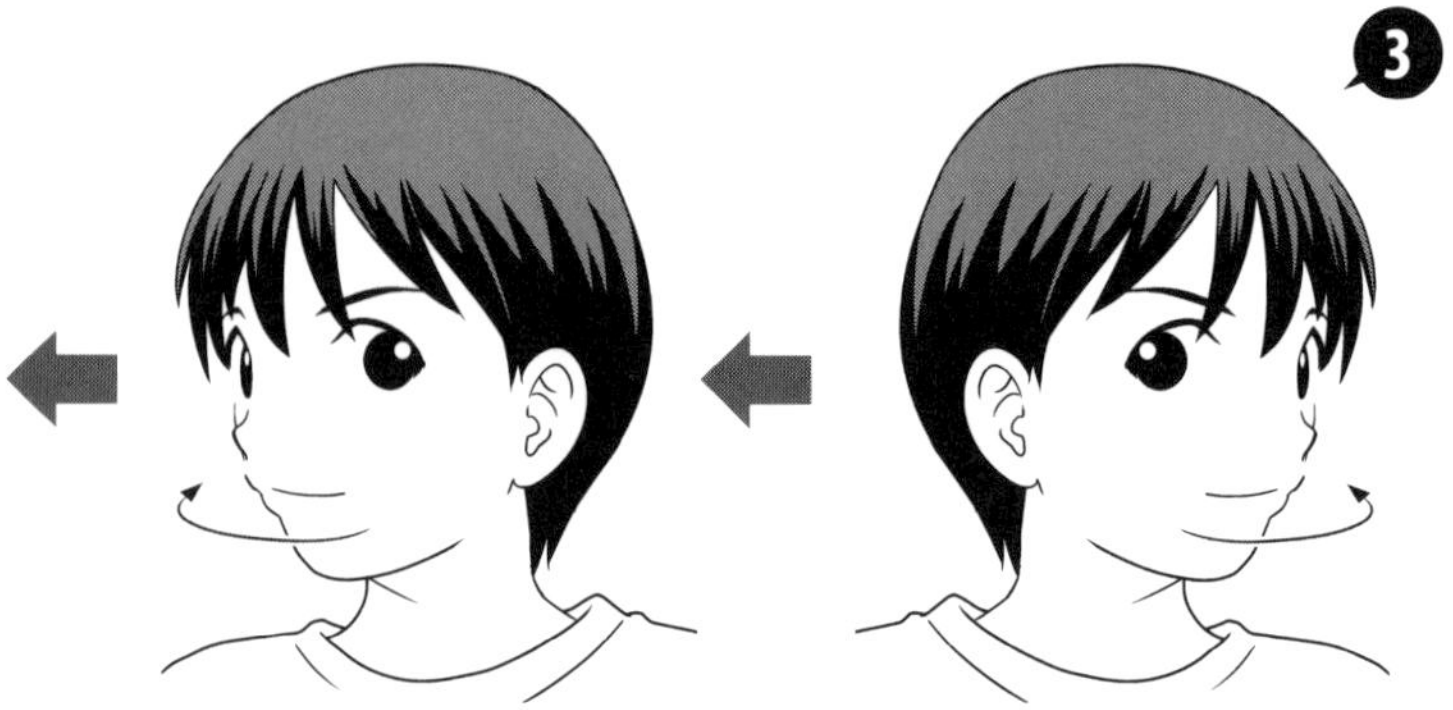

さい。これは、三半規管と目の動きの筋肉の協調性を高めるために行います。

以上で目のウォーミングアップは終了です。「眼のトレーニング」をする前だけでなく、読書やパソコン作業の合間などに行うと、目の疲れが取れて、リラックスすることができるのでぜひお試しください。

## 目の柔軟性とは？

前章でご説明したように、遠くのものを見る時は水晶体が薄くなり、近くのものを見る時は厚くなります。そして、水晶体を薄くしたり厚くしたりしているのは、毛様体筋という目の筋肉です。

毛様体筋は「平滑筋」といって、実は自分の意思でコントロールするのが容易ではない筋肉なので、うまくできている人もいますし、そうでない人もいます。

また当然のことながら、疲れがたまれば動きは鈍くなりますから、デスクワークで長時間働いた時などは目の筋肉が疲れ、ものがぼやけて見えたりするわけです。

今の子供たちはあまり外で遊ばず、ポータブルゲーム、あるいはスマホで動画を見たりしているため、遠く、広範囲に視線を運ぶ機会が減っています（都心に住んでいる子供ならなおさら）。

つまり、「遠くを見る→近くを見る→遠くを見る」という作業を繰り返し普段の生活で行う機会が減り、毛様体筋を使う感覚が衰え、結果として遠方視力も近方視力も両方とも落ち気味になっているのです。

球技をしている子供たちは、スポーツのトレーニングと並行して「眼のトレーニング」も行い、毛様体筋を柔軟にしておくといいと思います。また、毛様体筋を鍛えることは、老眼の進行を遅らせるなどの効果もあります。

## 目の柔軟性を上げるトレーニング

それでは、目の柔軟性を高めるトレーニングをしてみましょう。

やり方は簡単です。図Aのように壁に貼ったカレンダー（ポスターや壁掛け時計でも可）と手に持ったカード（本や写真など何でも可）を交互に見て、すばやくピントを合わせるという練習です（3分間ほど）。

## [図A] 目の柔軟性を高めるトレーニング

壁に貼ったカレンダーと手に持ったカレンダーを交互に見て、すばやくピントを合わせる練習。それぞれ、ピントがボケた状態で視線を切り替えるのではなく、必ずピントが合ってから「遠く→近く→遠く」と視線を切り替えるようにする。

壁のカレンダーの文字がはっきり見える範囲で、できるだけ距離を取って立ってください。手元の本の文字にまずピントを合わせてから、カレンダーの数字にピントを合わせる。これを繰り返してください。

ピントの切り替えに最初はちょっと手間取るかもしれませんが、続けていくうちにピントの合うのがどんどん早くなるはずです。

カレンダーなどの壁に貼られた対象物からはできるだけ離れ、手に持ったカードはできるだけ近づけてピントを合わせるのがポイントです。

それぞれ、ボケた状態で視線を切り替えるのではなく、必ずピントが合ってから「遠く↓近く↓遠く↓近く」と切り替えるようにしましょう。

## 眼球運動
## ――目の可動範囲を広げる

目は上下左右、いろんな方向に動きます。そういった動きができるため、顔を動かさなくてもあらゆる方向を見ることが可能になるのです。

これは眼球運動と呼ばれる動きで、片目6本、両目で12本の外眼筋（図B）によって眼球はいろんな方向に動くことができるようになっています。目というのは、このように複数のそれぞれ役割の異なる筋肉の動きが、複雑に組み合わさることで細かい動きを実現しています。

この外眼筋は、前項で述べた水晶体を動かす筋肉とは違い、骨格筋です

[ 図B ]

6本の外眼筋

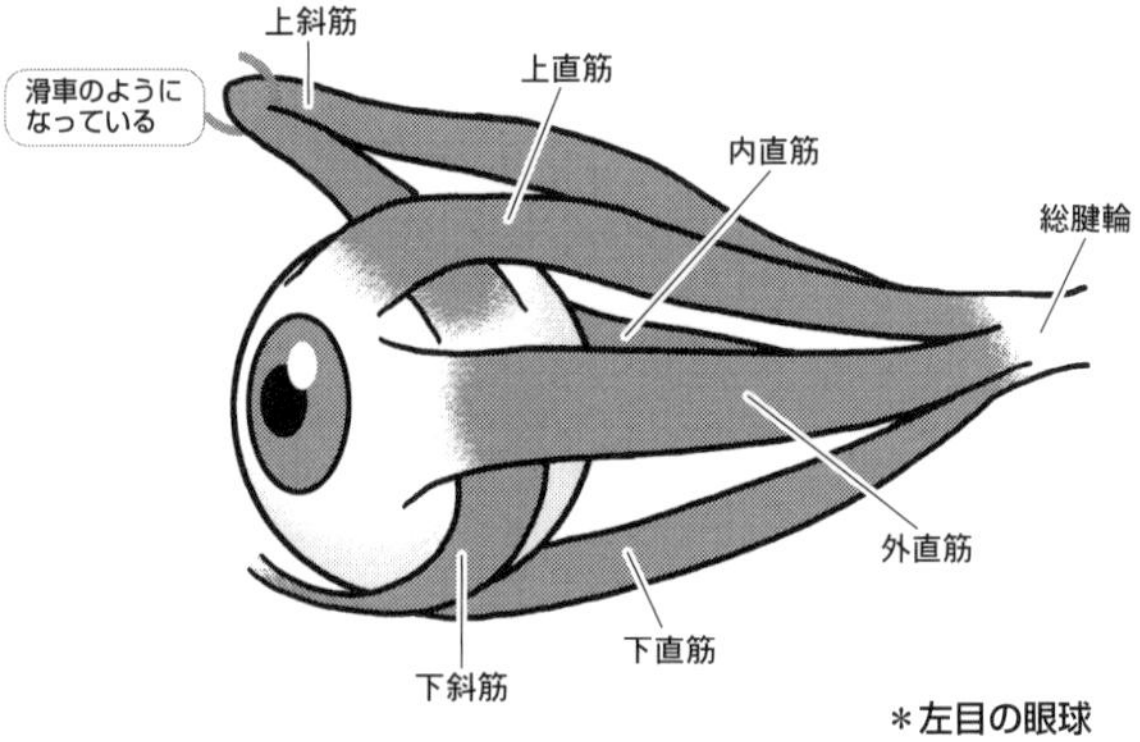


＊左目の眼球

眼球運動は、6本の外眼筋によっていろんな方向に動くことができるようになっている。水晶体を動かす筋肉と同様、この外眼筋も使わなければどんどん衰えていく。

から自分の意のままに動かすことができます。しかしながら、ここに目の筋肉であるがゆえの難しさがあるのです。つまり、人間は自分自身の目の動きを自分の目で確認できないため、体の他の部位とは異なり、自分の目の動きに関して私たちは意外に鈍感で未発達なのです。

とくに、外眼筋を日頃からきちんと使えていない人は、それらの筋肉を動かす感覚が劣っているため、動体視力もあまりよくありません。だから、できるだけ外眼筋をたくさん使ってその動きの感覚を磨くことが、すばやく正確な目の動きをするための秘訣なのです。

例えば、野球でピッチャーに変化球を投げられた際、外眼筋の動きに優れたバッターは、目だけでボールを追うことができます。しかし、外眼筋の柔軟性に欠けたりしているバッターは、目だけでボールを追うことが下手で、ボールに合わせて頭も一緒に動いてしまいます。バッティングの際、頭の位置はブレないのが基本ですから、顔がボールを追ってしまうような状態では、いいバッティングをすることなど望むべくもないのです。

## 目の可動範囲を広げるトレーニング

目の可動範囲を広げるためにまずやらなければならないのは、外眼筋を鍛えることです。ストレッチで行ったアイ・ローテーションやヘッド・スイングも、このトレーニングとして活用できますが、ここでは「視点移動法」というトレーニングをご紹介しましょう。

Ａ４くらいの紙の四隅にマジックなどで点を書きます。

その紙を顔の10～20㎝程度前に置き、あとは図Ｃにあるようにそれを順番に見ていくだけです。

この時、視点の切り替えを極限まで速くする必要はありません。テンポよく１↓２↓３↓４↓１……と見ていくようにするだけで十分です。

横と縦を合わせて３分間ほど繰り返すことで、６本の外眼筋をバランスよく鍛えることができます。

## [図C] 視点移動法トレーニング

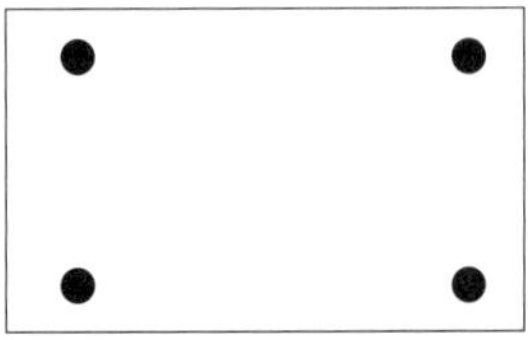

【横バージョン】

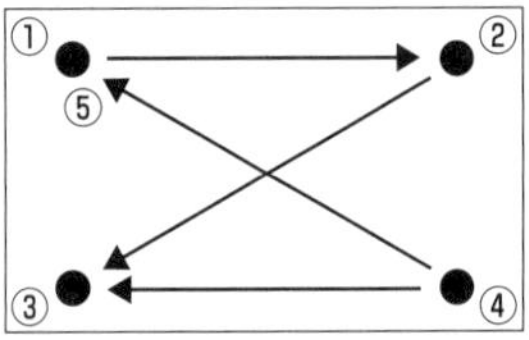


【縦バージョン】

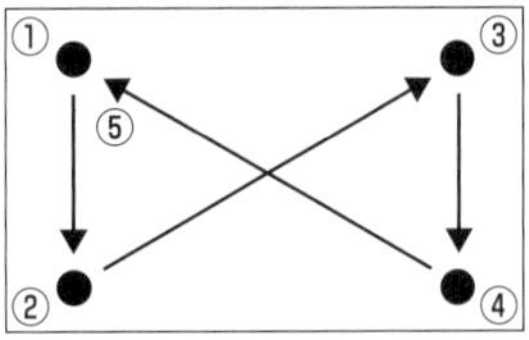


A4くらいの紙の四隅にマジックなどで点を書く。その紙を顔の10～20cm程度前に置き、それを順番に見ていく。この時、視点の切り替えを極限まで速くする必要はない。テンポよく、1→2→3→4→1→2……と見ていくだけで十分。横と縦を合わせて3分間ほど繰り返すことで、6本の外眼筋をバランスよく鍛えることができる。

## 両目のチームワーク

人間にはふたつの目があります。脳はふたつの目から入ってきた情報を融合させて、意味のあるひとつのものとして認識します。これを「融像」といいます。

この「融像」がうまく働くことではじめて「立体視」が生まれ、目標物までの距離感や3D空間の奥行きなどを正確な情報として理解することができています。サッカーでボールを蹴ったり受けたりできるのも、野球でボールを投げたり打ったりできるのも、空間を立体的に捉えられているからなのです。

「融像」→「立体視」をうまく働かせるためには、ふたつの目がそれぞれにしっかりと調和して機能を果たしていなければなりません。これをオプトメトリーでは両眼視機能、あるいは「両目のチームワーク」と呼んでいます。「両目のチームワーク」は日常生活において大きな役割を持ち、あらゆる場面で私たちの行動や動作を陰で支える重要な役割を果たしているのです。

## 両目のチームワークを高めるトレーニング

### ◎ブロック・ストリング

「両目のチームワーク」を高める上で、効果的な練習器具があります。それが「ブロック・ストリング」と呼ばれるヒモと3色の玉を組み合わせた器具です（写真）。

ネット通販などで「ブロック・ストリング」と検索していただければ、すぐに見つかると思います。

それではこの「ブロック・ストリング」を使ったトレーニングの手順をご説明します。

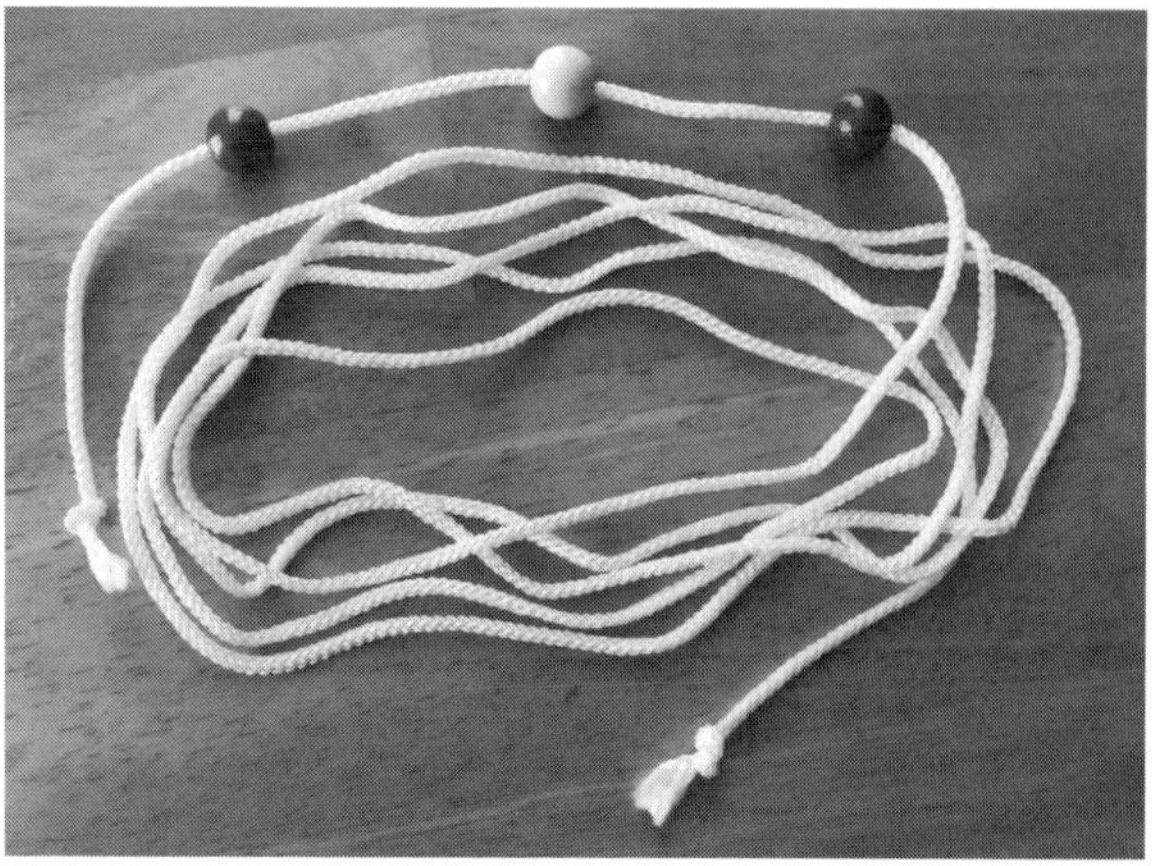

① まず、イラストのようにヒモを鼻の真ん中に当て、反対側は誰かに持ってもらったり、柱に結びつけたりしてください。この時、3つの玉は鼻から15センチ、40センチ、80センチくらいになるように配置します。

② 最初は真ん中の玉を見ます。その際、真ん中の玉がAのようにピントの合った状態にしてください。Bのように二重に見えるならば、Aのように

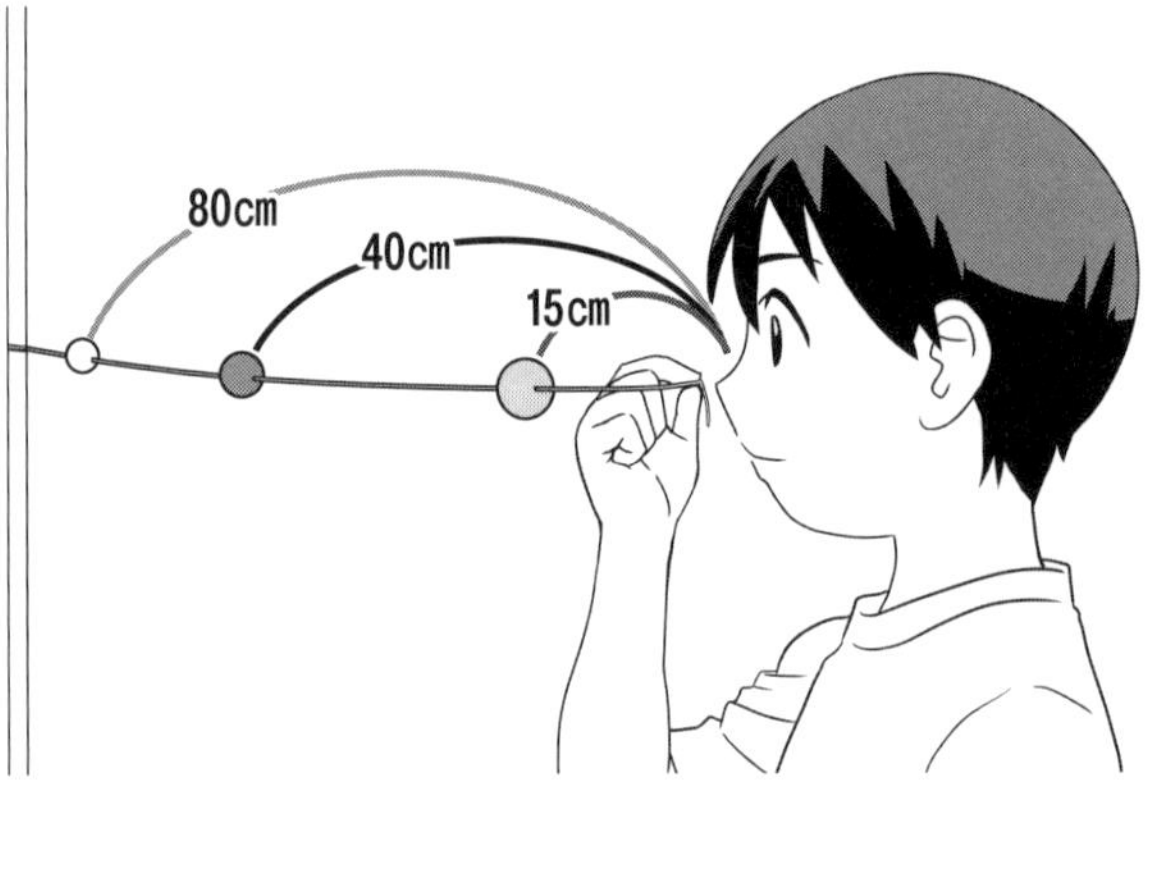

なるまでピントを合わせましょう。

③ 手前の玉↓真ん中の玉↓奥の玉↓真ん中の玉↓手前の玉とピントを合わせながら視点を移していきます。その際、ひとつの玉にピントが合ったら3つ数え、次に移るようにします。3往復を1セットとし、1〜2セット行うようにしてください。

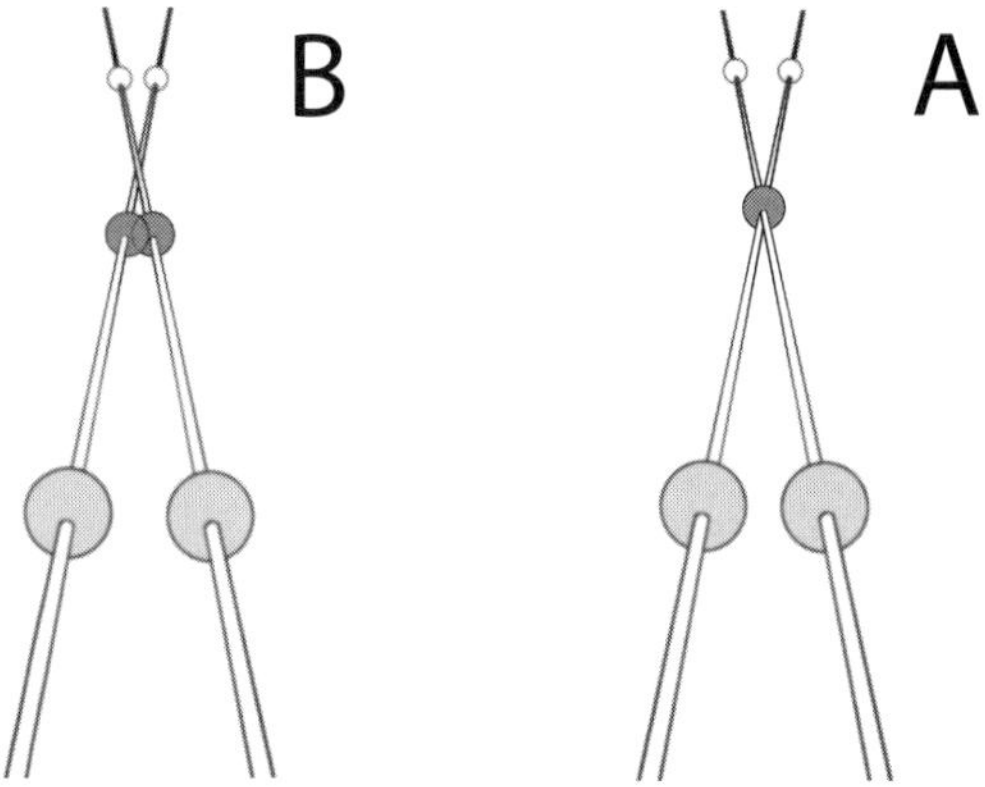

## 周辺視野を広げる

次に、スポーツをする際にとても重要とされる〝周辺視野〟の鍛え方をご説明したいと思います。

何かを見ている時、はっきりとではなくとも、その周囲のものもある程度見えています。これが周辺視野と呼ばれるものです。周辺視野が広ければ広いほど、脳に入ってくる情報量は多くなるので、スポーツでも有利に働きます。

野球ならば、バッターはピッチャーを見ながら、なおかつ内野手の動きなども見て打つ方向を変える技術が求められることもありますし、サッカーならば、自分がボールをキープしている時にも、周辺のどこに味方がいて、どこに敵がいるのかを瞬時に察しなければいけません。そういった判断をする上で欠かせないのが周辺視野なのです。

目が健康であれば、私たちは年齢を問わず広い周辺視野が得られます。しかしながら、視野の中心に意識を持ちすぎている生活習慣を続けていると、周辺視野をうまく使えていない状態になってしまいます。近年、高齢者の自動車事故も増えていますが、周辺視野が狭まっていることも大きな要因のひとつとなっています。

知らず知らずのうちに狭まっている周辺視野を改善するために、これからふたつのお薦めのトレーニング方法をご紹介します。

## 眼球運動のトレーニング

最初に、誰でも簡単にできるトレーニング方法をご紹介しましょう。

①イラスト1のように、両手を伸ばして親指の爪を見ます。右手の爪、左手の爪と視点を移動させます。これを5往復程度続けてください。慣れてきたら視点を移すスピードを上げましょう。

②両腕の間隔を肩幅の2倍程度に広げ、①と同様のことをします（イラスト2）。慣れてきたらさらに幅を広げてやってみてください。

③横に広げるのに慣れてきたら、次に片手は上、片手は下にして広げた状態で、斜めにも視線を運ぶトレーニングをしましょう（イラスト3）。

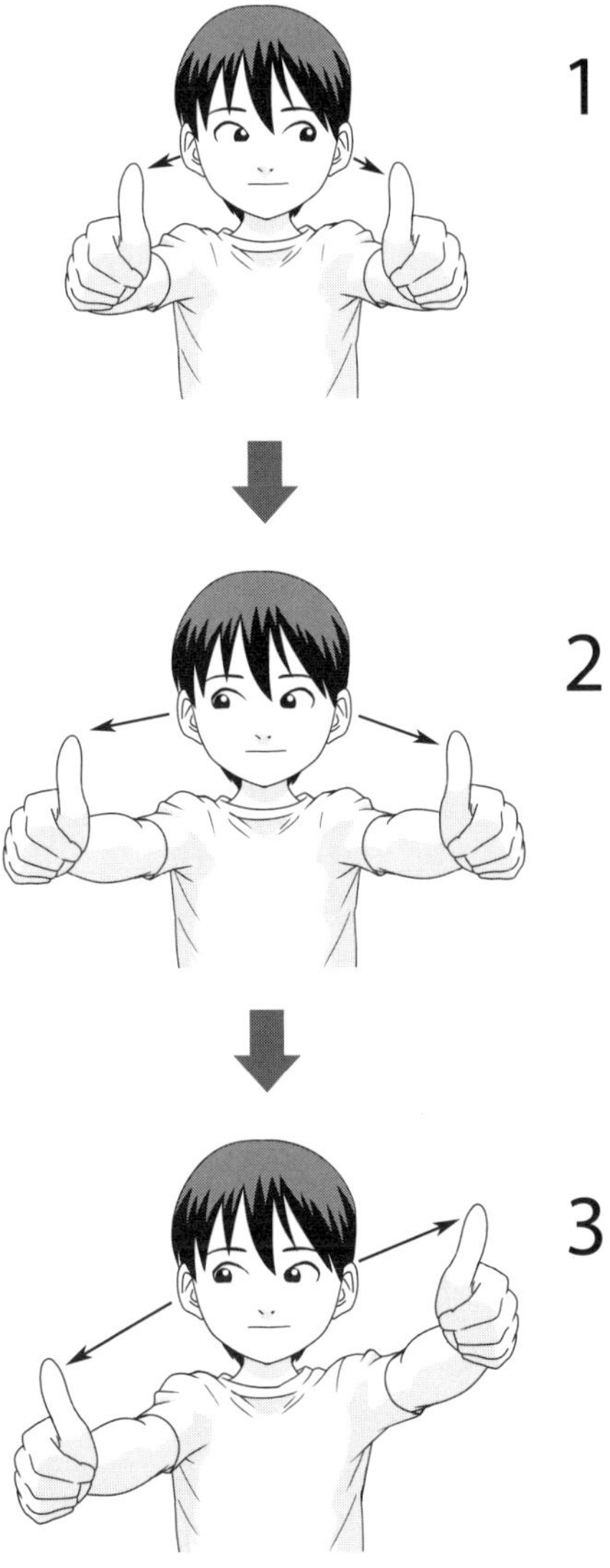
1
2
3

## 周辺視野を広げるトレーニング

直径80センチほどの円に、1から12までの数字を時計の文字盤のように書き入れます。そして、中心部には小さく☆マークを入れます。

これを壁に貼り、20センチ程度離れて（できるだけ近づいて）中心の☆マークに両目を固定し、まず1の方向にある数字を周辺視野だけで捉えます。周辺視野でうまく1を捉えたら、一気に☆マークから1へ視線を飛ばします。視線が迷うことなく1へと到達すればＯＫです。

再び☆に視線を戻し、2から12までの数字をランダムに選び、周辺視野だけで狙いを定め、選んだ数字へ正確に視線が到達できるようにトレーニングします。

# ［図D］周辺視野トレーニング

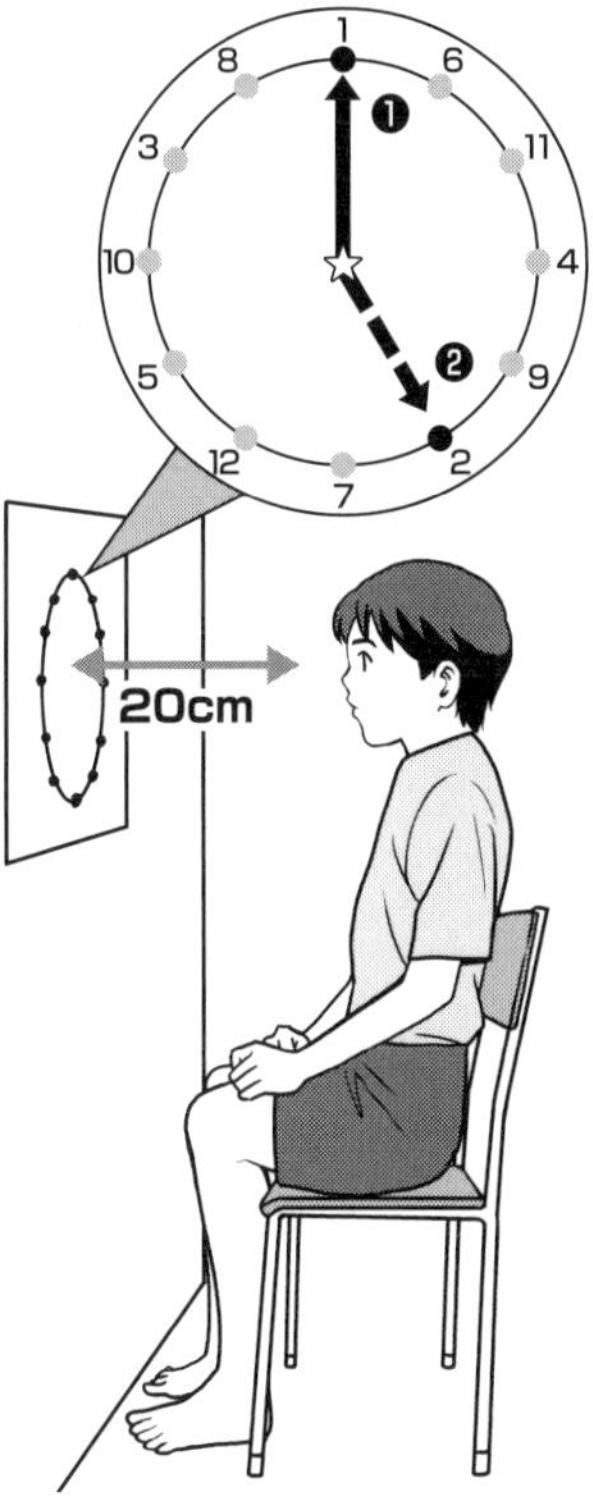


直径80cmほどの円に1から12までの数字をランダムに書き入れる。中心部には小さく☆マークを入れる。これを壁に貼って20cm程度離れ、中心の☆マークに両目を固定し、まず1の方向にある数字を周辺視野だけで捉える。その後、一気に☆マークから1へ視線を飛ばす。これを他の数字でも繰り返す。ポイントは顔は絶対に動かさず、目だけを動かすようにすること。このトレーニングは周辺視野だけでなく、眼球を正確に動かすトレーニングにもなる。

ポイントは顔を絶対に動かさず、周辺視野のみで目標に狙いを定めた後、一気に目を動かすようにすること。このトレーニングは周辺視野だけでなく、眼球を正確に動かすトレーニングにもなります。

こういったトレーニングを毎日繰り返すことで、日頃から周辺視野を使う習慣ができて、同時に周辺視野も徐々に広がっていきます。さらに、これらのトレーニングをしている際、目標物だけに集中するのではなく、部屋の中の景色や物体にも、ぼんやりでいいので周辺視野の中で意識を向ける習慣をつけてみてください。そうすれば、あなたの周辺視野はより一層広がり、いろんなスポーツをする上で役に立ってくるはずです。

# 第4章

# ビジョントレーニングとは？

## オプトメトリストと眼科医の違い
## ――ビジョントレーニングとは？

今から20年ほど前、近鉄バファローズのコンディショニングコーチをしていた時代に、名古屋でビジョントレーニングを行う研究所（「特別視機能研究所」）を運営していた「オプトメトリー」の資格を持つ内藤貴雄先生と出会いました。

その後、千葉ロッテマリーンズでコンディショニングコーチを務めていた時代にも内藤先生には大変お世話になり、P60でご紹介した小坂誠選手の守備力改善にもビジョントレーニングがとても役に立ちました。

本書でさまざまな「眼のトレーニング」（「ビジョントレーニング」といいます）をご紹介していきますが、まず内藤先生が従事されているオプトメトリーとは何かをご説明しておきたいと思います。

オプトメトリーとは、アメリカ、カナダ、オーストラリア、ヨーロッパなど世界47カ国で国家資格となっていますが、残念ながら日本ではまだ公的な資格ではありません。

眼科医が目の健康状態、病気の有無等を重要視するのに対し、オプトメトリストは目の健康以上に、ふたつの目が問題なく機能しているか、効率よく目を使えているか、といった「視覚機能」に着目します。目に病気がなくても、両目がうまく連動していないなどの問題によって、体の機能がちゃんと作用していない、あるいは体を動かす上での大きなハンディキャップとなってしまっているようなケースは意外に多いのです。

オプトメトリストは、目だけにとどまらず、目と体の連動、さらには目が思考や知能に及ぼす影響など、多岐に渡る関係性を探りながら、視覚機能の回復に努めます。

つまり、オプトメトリストは視力だけではなく、目と脳と体といったビジョンから派生していくプロセス全般を診断します。そして、そこに何かしらの問題が発見されれば、薬や手術といった方法を用いず、自然な形での改善、回復を考えていくのです。

こういった視機能の自然な改善策を「ビジョンセラピー」あるいは「ビジョントレーニング」と呼び、さまざまなやり方や道具などを用いて、目と体がうまく機能するようにトレーニングしていきます。

ただ一点、勘違いしていただきたくないのは、ビジョントレーニングというのは、視力をよくするための「視力回復トレーニング」ではないということです。

学校での勉強に苦労している子供さんや、なかなか成績が上がらないスポーツ選手、そして仕事でミスの多いビジネスマン、あるいは記憶力低下や転びやすくなった中高年の方々まで、すべての人に効果がある基礎的なトレーニングばかりです。ぜひ毎日の生活の中にビジョントレーニングを取り入れて、視覚機能の改善に役立ててください。

## 「動かない」という環境の変化で子供たちの体にも異変が⁉

内藤先生の特別視機能研究所には、多くの現役プロ野球選手やプロボクシングの世界チャンピオンなども訪れて、ビジョントレーニングを行っています。

また近年では、子供が体を動かしながら目と脳と体の機能を高めようというビジョントレーニングも行っています。

子供向けの教室では、野球をやっている子の親御さんが「バットにボールがなかなか当たらない。目に問題があるのでは？」と心配になって訪れるケースもあるようです。

野球をやっている子供がボールを打てない場合、指導者や親は「振り方が悪いのか？」「構え方が悪いのか？」と、バッティングの練習ばかりをさせてしまいがちで、「もしかしたら目に問題があるのでは？」という考えにはなかなかいたりません。

もちろん、子供がボールを打てない時にバッティング練習をするのは間違いではありません。しかし、問題の原因を突き詰めて考えていくと、目に問題のある場合が少なくないのです。

内藤先生はそういった子が訪ねてきた際には、視力、視機能、目と体の関係などに問題がないかどうか広い観点から総合的に調べるのだそうです。

その結果、近年の子供たちに多い問題点が浮かび上がってきました。それは、今の子供たちは人間の体に備わった最も重要で基礎的な感覚の発達に遅れが出ており、それらをうまく使えていないために五感や知能の発達が妨げられているということです。

その、最も重要で基礎的な感覚とは、平衡感覚を司る「vestibular system（三半規管）」と、筋肉の動きの感覚の「proprioception（固有受容）」のことです。近年、子供たちを取り巻く環境は「体を動かさない」という方向に著しく変化していっています。

少子化である上に、公園や空き地といった、かつてはいくらでもあった子供たちの遊ぶ場所は減り、公園では球技が禁止されたり、あるいは楽しく遊べた遊具が「危険だから」という理由で撤去されてしまったりしているのが現状です。

さらに子供たちは塾やお稽古などの習い事に忙しく、放課後に遊ぶ暇もありません。また、ゲーム機器やスマホの普及によって、「外で遊ぶ」ことを自体を敬遠する子供たちも増え続けています。

こういった諸々の事情が絡み、今の子供たちは幼少期から体を動かすということがすっかり減ってしまいました。

三半規管と固有受容の健全な発達のためには、何はともあれ、まず「動く」ことが一番大切です。三半規管と固有受容というふたつの感覚は、目の機能と連携して空間内での自分の立ち位置を把握する感覚や、体を自分の思った通りに動かす感覚と密接につながっています。これは、赤ん坊の頃からいっぱい体を動かすことによって、徐々に培われていくとても大切な機能なのです。

しかし、今の子供たちは十分に体を動かせる環境に恵まれていません。その結果として、空間を正しく認識する機能やさまざまな視覚機能の働きが低下してしまっているのです。

ビジョントレーニングの中には体を動かす基本的なメニューもあり（次章でご紹介します）、実はこれらは、海外では脳性麻痺や障害を負った子供たちのリハビリテーションにも取り入れられています。

目と脳と体はつながっていますから、どこかを改善しようと思ったら、そのすべてに手当てをしていく必要があります。しかし、日本にはまだそういった概念が広まっておらず、それぞれの問題に対して個別にアプローチしてしまっているのが実情です。

## 成績不良だった副大統領の娘がビジョントレーニングで成績向上

1960年代初頭、当時のアメリカ大統領はジョン・F・ケネディ氏でしたが、その時に副大統領を務めていたのがリンドン・ジョンソン氏でした（ジョンソン氏はケネディ氏がダラスで暗殺されると、その後を受けて大統領に就任しました）。

このリンドン・ジョンソン氏が副大統領を務めていた時代、次女のルシー・ジョンソンさんは高校生だったのですが、実は学業の成績が悪く、落第寸前の状態にあったといいます。

当時のルシーさんは知能が低いわけでも、授業態度などが悪いわけでもないのに、成績だけが悪いという状態でした。ルシーさんは当時を振り返ってこう述べています。

「家族はみな優秀でしたが、私だけが成績不良で、どんなにがんばってもDからCにすることさえできませんでした。家で何時間もかけて書いた作文でも『ルシー、自分の間違えているところがわからないの？』と先生に言われてしまうのです。自分がどう間違っているのか、私にはまったくわかっていなかったのです」

一体なぜ成績だけが悪いのか？

いろいろと調べてみても原因はわかりませんでした。そして最後の最後に、藁にもすがる思いで受けた目の検査で、ワシントンD.C.で開業中だったあるオプトメトリストのドクターがその原因を突き止めてくれました。

ドクターが検査した結果、ルシーさんの視力は1・2と良好でしたが、ふたつの目を同時に使った時のバランスが悪く、見たものや読んだものの意味を理解する能力に欠けていることがわかったのです。

ルシーさんは目の使い方が悪いため、体全体でバランスを取るような運動も苦手としており、動作も非常にぎこちなかったそうです。

ふたつの目を同時に使った時のバランスが悪いという結果が出て以降、ルシーさんはドクター指示のもとでビジョントレーニングに励みました。するとに徐々に彼女の成績は向上。1年半後には平均がDだった成績がBに上がり、大学に進学すると学内の優秀者名簿に名前が載るほどになりました。体の動きも以前とは比べ物にならないほど、スムースに動けるようになったそうです。

ルシーさんの話からもわかるように、〝眼〟というものは見ることだけでなく、学業の成績や体の動きにも深く関係しています。

視力がよかったとしても、ルシーさんのように視覚情報処理能力が十分ではないと、子供は目の前の情報をうまく取り込めなかったり、あるいは間違った情報を拾ってしまったりと、ストレスだけをためこんでいくことになってしまいます。本人は一生懸命集中しようとしているのに、作業への興味や関心が薄れてしまい、結果として本人の集中力を減退させることにもつながります。

ビジョントレーニングは、そんな視覚情報処理能力を高め、その人の秘められた力を効率よく引き出してくれるものなのです。

## ビジョントレーニングとは?

本書でご紹介していくビジョントレーニングは、「トレーニング」という名こそついていますが、筋力トレーニングのように何かの力を増大させるものではありませんし、昔からある「視力回復トレーニング」のようなものとも違います。

また、眼科などに行くと斜視や弱視の方は「視能訓練」を行うこともありますが、オプトメトリーにおけるビジョントレーニングは「視能訓練」とは根本的な考え方もやり方もまったく異なっています。

それではまず、ビジョントレーニングの目的をご説明しましょう。

## ビジョントレーニングの目的

- **改善** ビジョン（視覚機能）の問題を改善します。
- **向上** 目や脳に理想的かつ新たな習慣をつけ、見るための知能を高めて学校、仕事、スポーツなどで、よりよい成果を挙げる土台を作っていきます。
- **予防** 将来、再びビジョンの問題が発生しないようにします。

では、ビジョントレーニングを行うとどんな効果があるのでしょうか。

その例をいくつか挙げてみます。

- 幼児や子供の知能＋思考力発達
- 学生やビジネスマンの成績・成果アップ
- あらゆるスポーツ選手のパフォーマンスアップ
- 舞台芸術などに携わる人たちのパフォーマンスアップ
- 大人の脳力開発
- 顔の表情力アップ＋姿勢改善
- 老化防止

さらに、ビジョントレーニングを行うと、次に挙げる目の諸症状の問題の改善にも役立ちます。

- 仮性近視の改善
- 近視の予防・進行防止
- 両眼視機能の改善
- 斜視や弱視の改善・再発防止

このように、ビジョントレーニングは幼児から高齢者まで、さまざまな年代の方々にうれしい効果をもたらしてくれるものなのです。

## 何でもかんでも「発達障害」で片づけてはいけない

ビジョントレーニングは前項で挙げた諸問題に加え、脳に関連したさまざまな症状の改善にも効果を発揮しています。

いくつかその例を挙げましょう。

- 〝発達障害〟（ＡＤＨＤ、ＬＤ、自閉症）児などと診断された子どもの認知力＋適応力の向上
- その他の障害児の能力・適応力向上

・脳溢血などを患った方のビジョンのリハビリテーション

ビジョントレーニングはこういった問題にも対応しており、内藤先生の特別視機能研究所でも子供たちを対象にした教室を開いています。

発達障害と診断された子供でも、さまざまなビジョントレーニングを積むことで症状を改善させているといいます。内藤先生は、「視覚機能の問題が原因で〝発達障害〟と診断されてしまうケースは多々あり、視力しか測定しない今の日本の検査システムでは、こういった子供たちの問題解決の糸口を見えなくしてしまっている」と警鐘を鳴らしています。

原因が子供の〝眼（視覚機能）〟にある場合、以下のような症状を見ることが考えられます。

- 黒板の文字を書き写すのが遅い
- 本を読む時に行を飛ばしてしまう
- 文章を読むのが遅い
- 勉強していてもすぐに飽きる、嫌になる
- じっとしていることが苦手
- 運動神経が悪い（とくに球技など）
- よく転んだり、ぶつかったりする
- 目が疲れやすい
- 物覚えが悪い

・友だちとうまくコミュニケーションが取れない

目をうまく使えていない子供には、さまざまな症状が表れます。気になる方は、内藤先生のようなオプトメトリストのいる施設を一度訪ねてみるといいかもしれません。

## 多動であることさえビジョントレーニングで治ることも
## ——2次元ではなく3次元で遊ぶ

多動は、発達の遅れのある子供に比較的多く見られる症状です。授業中などにじっとしていられず走り回って転んだり、いろんなものに触れたりして親や先生を困らせることもあります。

多動の原因は、脳の神経伝達物質が原因とされることが多く、病院などでは多動を抑えるための薬を処方されることも多いようです。しかし内藤先生は、すべての多動が脳の神経伝達物質の問題だとしてしまうのは違うのではないか、という見解を示しています。

幼児期の子供は動き回って遊ぶことで、手足を自分の思い通りに動かす体感覚を学んでいきます。

実はこの時期、子供は「体を思い通りに動かす」ことと同時に「どうやって動かないでいるか」という技術も学んでいます。筋肉のスイッチのオン、オフ、さらには体をリラックスした状態にする。普通の人には当たり前のこういった体的作業も、実は幼い頃に体を動かしながら学んでいく大切な技術なのです。

多動といわれる子供の中には、幼児期に体を動かして遊ぶことが少なかったため、ただ単に「どうやって動かないでいるか」を学んでこなかっただけというケースが珍しくありません。つまり、子供が多動の症状を見せるのは何らかの病気というわけではなく、「その技術を知らないだけ」という場合があるのです。

そういったことから、内藤先生が子供向けに行っているビジョントレーニングでは、簡単な動きを繰り返すトレーニングを週に1回、時間にして1回30〜60分で行っています。そして、このビジョントレーニングを受けることによって、多動が解消した子供もたくさんいるそうです。

このように、ビジョントレーニングには〝眼〟の機能を高めるだけでなく、さまざまな効能があります。最近の子供たちはスマホやゲーム、あるいはタブレット端末など2次元の世界で遊ぶことが多いですが、本当は実際に体を動かす3次元の空間で思いっきり遊ぶことが脳にとって、そして体にとってはとても重要なのです。

## 簡単な図形の模写でさえできない子がいる

内藤先生によると、目をうまく使えていない子供たちの中には、簡単な図形（四角形やひし形、星形など）の模写がうまくできない子もいるそうです。

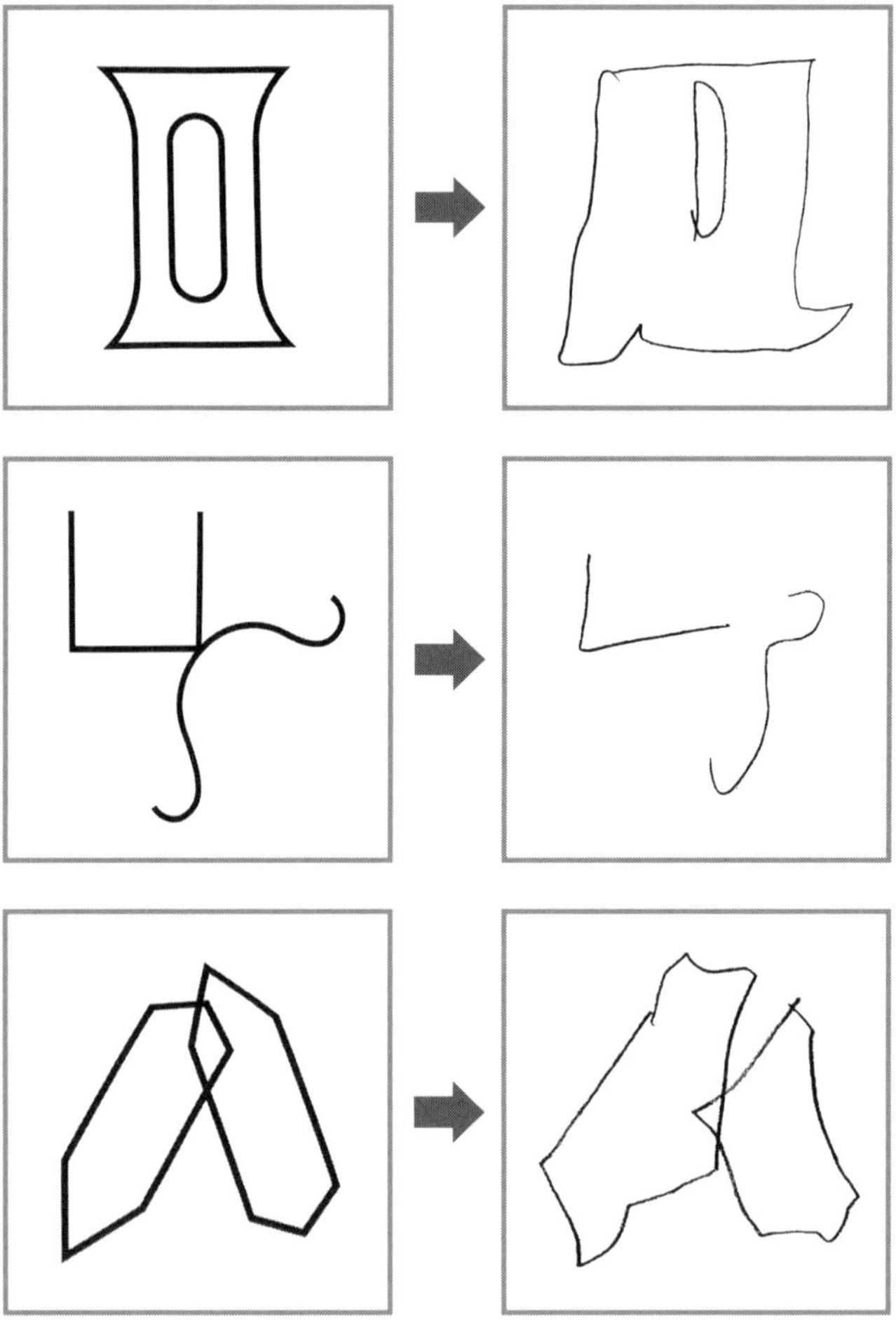

子供は発達していく中で、体を動かしながら自分の中に、いわば〝地図〟のようなものを形成していきます。それは脳の中の座標軸のようなものです。子供は自分の脳の中の座標軸と照らし合わせながら、実空間内の座標軸を読もうとします。しかし自分の座標軸が未発達だと、たとえ視力がよくて目の前の図形はちゃんと見えていても、実空間の座標軸を正しく読めず、模写は難しくなるのだそうです。

こういった子供たちの症状を改善する手段として、目と体を動かすビジョントレーニングをたくさん行います。そして、そのビジョントレーニングの「動き」によって脳の中の〝地図〟の精度が上がっていき、図形や漢字、符号などを正しく認識する視覚機能が発達するのです。

脳の中の座標軸あるいは〝地図〟とは、簡単に言えば自分認識力のこととであり、「動かない」子供が増えた分、こういった自分認識力に欠ける子が増加しているようです。

小学校の廊下などで壁を触りながら歩いたり、あるいは友だちの机に来て筆箱や教科書などにやたら触ろうとしたりする子も、自分認識力の乏しさを触覚によって補いながら、空間内での自分の立ち位置を探ろうとしていることの表れであるといえます。

ここで挙げた症状の他、前項で述べた症状に心当たりのある場合は、オプトメトリストの先生に一度診てもらうといいと思います。

## 赤ちゃんはハイハイ期間が長いほうがいい

個人差はありますが、赤ちゃんが立って歩くようになるのは平均1歳前後です。しかし、世間的には立ち歩きができるようになるのは早ければ早いほどいいと思われがちなようで、逆に立ち歩きを始める時期が他の赤ちゃんと比べて遅いと「うちの子は体のどこかに問題があるのではないか？」と心配してしまう親御さんも多いようです。

赤ちゃんが立って歩けるようになれば、周囲の大人たちがこぞって喜ぶため、赤ちゃんも一生懸命立って歩こうとします。しかし内藤先生が言うには、「目と脳と体」のつながりを考えた場合、立って歩くようになる前にハイハイをしている時間がしっかりあるほうが、実は赤ちゃんの発達にとっては大切なのだそうです。

立ち歩きを促そうと、お子さんに歩行器を使わせている親御さんもいると思います。しかし、本来はハイハイの時間をたっぷり取って、あくまでも自然な形で立ち上がり、二本の足で歩くようになるのを待つほうが理想的だとのことです。

ビジョントレーニングのメニューには、ハイハイの動きも取り入れられています。ハイハイの時期をとっくに過ぎた年齢の子供でも、ハイハイのような動きを繰り返すことにより、幼児期に十分やってこなかったハイハイという重要な発達の〝ステップ〟を取り戻すことができるのです。

ではなぜ、ハイハイの動きが体にいいのでしょうか？

赤ちゃんは四肢をそれぞれ動かしてハイハイをすることで、筋肉を動かす感覚だけでなく触覚や視覚から得た遠近感など、総合的な体の動かし方を脳にインプットしながら身につけていきます。これが前述の脳の中の座標軸の形成にもつながり、自分認識力が高まっていくのです。

赤ちゃんのうちにハイハイをたくさんした子供はその後、立って歩くようになった際にバランスの取れた正確な動きや、平衡感覚もスムースに身につけられるようになります。

我が子の立ち歩きが遅いからといって、まったく焦る必要はありません。それどころか、立ち歩きを始める時期が多少遅れても、ハイハイの時期が長くあったほうが子供のその後の心身の育成にはいいくらいなのです。

周囲に「うちの子は立ち歩きが遅い」と心配している親御さんがいたら、ぜひ「ハイハイは長いほど、脳と体にとってはいいんだよ」と教えてあげてください。

## 最近は目をうまく動かせない子が増えている

オプトメトリストである内藤先生のところに訪れる子供の症状で、ますます増えているのが「目をうまく動かせない子」だそうです。

目の動きとは眼球の動きのことですが、眼球や舌、指先など細かい動きをする体の部位は、細かな筋肉が集まった微細運動によって成り立っています。今の子供たちは、この微細運動を苦手とする子が多いというのです。

こういった子供たちに対して、内藤先生は目の動きのトレーニングと並行して体の動きのトレーニングも行っています。

目をうまく動かせない子が増えているのは、幼い頃から体を使って遊ぶことが少ないのに加え、スマホやゲームなどの小さな画面ばかりを見てきた影響もあるといいます。

眼球の動きが悪ければ、球技をする際にもボールをうまく目で捉えられませんし、本を読む際にも行を飛ばしてしまったり、あるいは授業中に机の上の教科書と黒板を交互に見て、それぞれにピントを合わせるという作業も苦手になってしまったりします。

3次元の空間世界でいろんなものに触れながら目を動かし、対象物の位置、形、大きさなどを確認する。幼い子供が公園の砂場で遊ぶことひとつとっても、実は目と脳と体の機能を高める上でとてもいいことなのです。

近年では衛生上の観点から、幼稚園などでも砂場のないところが増えているそうです。町中にある公園からも、危険と思われる遊具は次々と撤去されてしまっています。しかし、子供たちは水や砂や泥に触れたり、高いところによじ登ったりしながら前述の三半規管や固有受容を鍛え、五感を通じて脳と体を整えていき、実にいろんなことを学んでいきます。

大人たちが安全、安心なことばかりを求めるがゆえに、現代の子供たちは心身の育成において損をしてしまっている。内藤先生の話を聞けば聞くほど、私にはそう思えて仕方ありません。

## バッターが緊張して打てなくなる原因は目にある場合も

先ほどからご説明しているように、目のピントを合わせるのは、水晶体を支える毛様体筋が行っています。

実はこの毛様体筋がくせもので、毛様体筋は自律神経によってコントロールされており、網膜に映ったボケにより稼働しますから、私たちが腕や足を意識的に動かすように毛様体筋を自在に動かす（ピントを合わせる）ことはできません。さらにこの毛様体筋によるピント合わせ機能は、「両目のチームワーク」とも連動しています。

平滑筋は、人間の脳が緊張や不安といったストレスを感じると、うまく稼働しなくなることがあります。緊張するとお腹を下す人がたまにいますが、ああいった症状になるのは、平滑筋である胃や腸の壁がストレスによってうまく働かなくなってしまったからなのです。

水晶体をコントロールしている毛様体筋も平滑筋の一種ですから、ストレスを感じるとうまく稼働しなくなることがあり、「両目のチームワーク」にも影響を与えます。過度の緊張によって空振り三振してしまうのは、緊張によって体の動きが硬くなってしまうのも一因ですが、両目でボールがしっかり追えていないのが原因である可能性も低くはないのです。

かつて、内藤先生のところでトレーニングを受けていたプロ野球のピッチャーで、こんな選手がいたそうです。

そのピッチャーは先発を任されていましたが、後半になるとそれまではっきり見えていたキャッチャーのサインが見えづらくなり、それがピッチングにも悪影響を及ぼしていました。

「これは目にきっと異常があるからだ」

そう思ったその選手はすぐに眼科に行ったそうですが、医師の診断は「問題なし」。その後、知り合いの紹介によってその選手は内藤先生の特別視機能研究所にやってきました。

内藤先生が調べてみると、その選手はピント合わせの毛様体筋をうまく使えていないことがわかりました。ピッチャーとしての緊張もあったのでしょう。毛様体筋の動きが鈍っていたのです。

そこで内藤先生はその選手に対し、毛様体筋の柔軟性を取り戻すビジョ

ントレーニングを主に行いました。するとその後、その選手はピッチング
もよくなり、なんとセ・リーグで最多勝を獲るまでになったそうです。
過度な緊張は体だけでなく、目にも悪影響を及ぼすことがあります。そ
してそれを改善してくれるのが、ビジョントレーニングなのです。

# 第5章

# 体を動かす
# ビジョントレーニング

## ビジョントレーニングでなぜ体を動かすのか
## ――目と脳と体はつながっている

「安全性の考慮」という理由で、巷の公園から昔は当たり前にあった遊具が次々と撤去されています。しかし本来は、四肢を動かして遊ぶことによって五感を通じて脳が刺激され、体を動かす能力が鍛えられていくのです。

昔はどの公園にもあったのに、今はほとんど見かけなくなってしまった遊具のひとつに「グローブジャングル」があります（地球儀のような形をした、くるくると回る遊具）。

グローブジャングルは、前述の三半規管にいい刺激を与えます。三半規管が鍛えられると平衡感覚が養われ、それはスポーツをする際にも生かされますし、乗り物酔いなどもしにくい体となります。

公園で遊ぶことは、子供たちの健全な育成を促す上でとても大切なことなのですが、近年の親子の関係を見ていてあることに私は気づきました。それは「お父さんもお母さんも、子供と一緒に遊ぶのが下手になっている」ということです。自分たちが子供の頃、両親と一緒に遊ばなかったからなのか、外にいるより家にいることのほうが多かったからなのか、今の大人たちは総じて子供と遊ぶのがあまり上手ではありません。

ここまで繰り返し述べていますが、幼少期に体を使って遊ぶことは心身にとってとても大切なことなのです。

遊ぶことで五感が発達して脳が活性化し、それが良好な「見る力」の下支えとなり、目と四肢の協調性などにもつながっていきます。

「うちの子は運動ができなくても、勉強だけできればいい」

そんなふうにお思いの親御さんもいらっしゃるかもしれませんが、脳と体のバランスが取れていない子にいくら知識を詰め込んでも、それはあまり意味のないことなのです。

内藤先生の教室では、体を動かすビジョントレーニングによって学力を伸ばした子がたくさんいます。

サッカーや野球、バスケットボールなどのスポーツをしなくても、四肢を使った簡単な動きをするだけで、心身のバランスは整えられていきますし、何歳になっても目と脳と体にいい効果をもたらしてくれるのです。

本章では、内藤先生の教室で行われているビジョントレーニングをいくつかご紹介していきたいと思います。

## 運動と思考はお互いに作用している

腕や足などの大きな筋肉を動かす運動を「粗大運動」と呼びます。走り回ったり、ボールを投げたり、跳んだり、跳ねたり、鉄棒にぶらさがったり、これらの運動はすべて粗大運動です。

公園で走り回る。

いとも簡単に行っているように見えるこの運動も、実はたくさんのプロセスを経て、その動きが実現されています。簡単な運動であっても、脳はたくさんの刺激を受け、そこから体認識力を高め、正しく「見る（理解する）」力を身につけていくのです。

これからご紹介するビジョントレーニングは、ただ漠然と動くのではなく「意味のある動き」を繰り返し行うことで、より高い効果を得ようとするものです。

子供から大人、そして高齢者まで、あらゆる世代に効果のあるトレーニングです。たとえ簡単にできるような動きであっても、基本を守り、繰り返し根気よく行ってみてください。

## 体を動かすビジョントレーニング

【ローリング】

①両腕を体の横に位置させ、床の上でまっすぐ寝ます（イラスト1）。

②体をまっすぐ伸ばしたまま、横にゴロゴロと転がっていきます（イラスト2〜4）。

③途中でコースがずれないよう、まっすぐに転がるようにしてください。

④部屋の中に目標地点を決め、そこに向かってまっすぐ転がるようにしましょう。

⑤目標地点に到達したら、今度は元いた地点に転がりながらまた戻ります。

⑥慣れてきたらできるだけ速く、正確に転がれるようにしてみましょう。

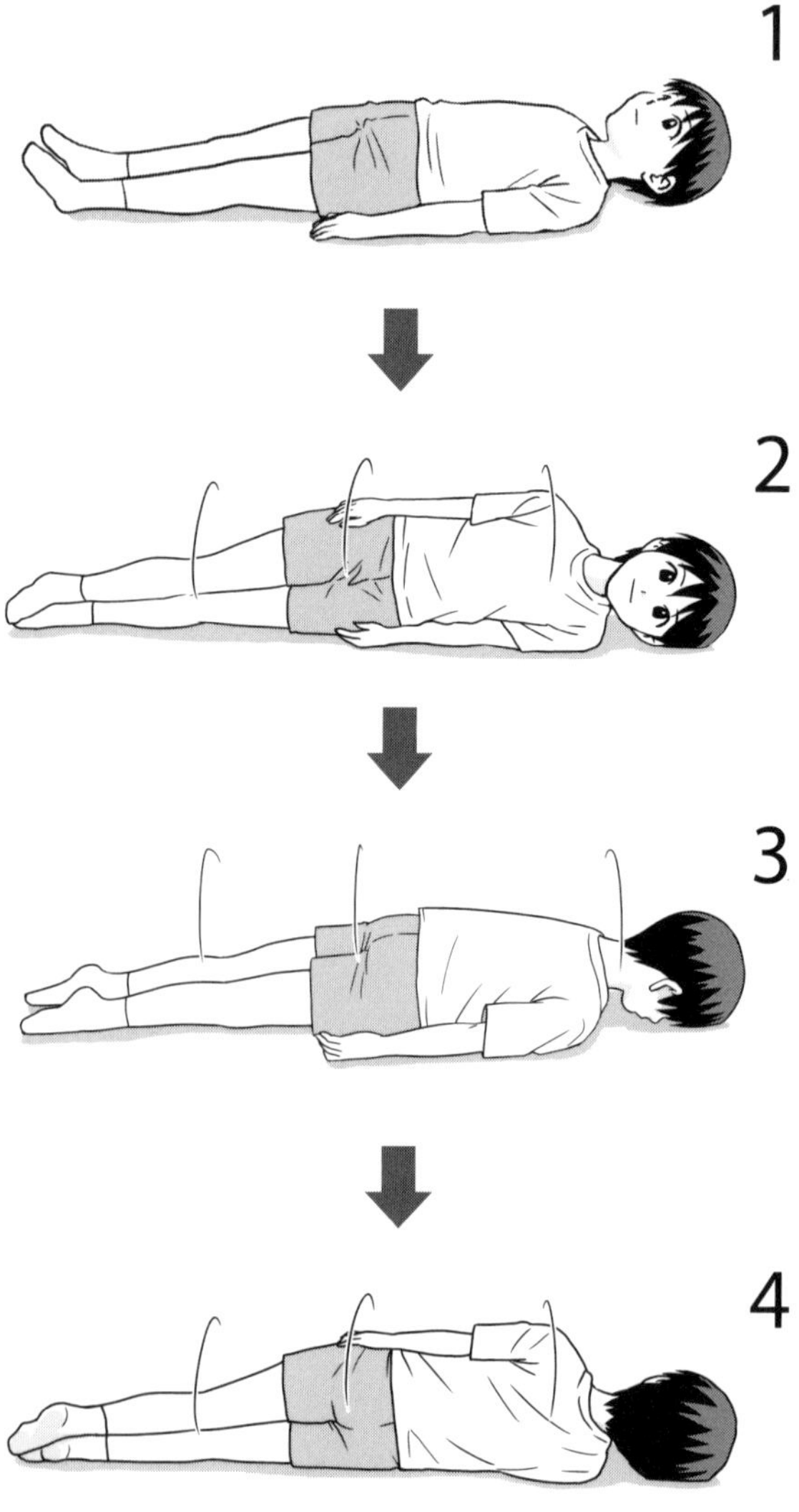
1
2
3
4

## ［雪の中の天使 Angel in the snow ］

①床の上で仰向けになり、両腕は体の側面につけ、足もまっすぐ伸ばします（イラスト1）。

②両腕を床から離さないようにしながら、ゆっくりと大きく弧を描くように頭の上へ動かし、一杯に伸ばします（イラスト2）。それと同時に目は両手を見るように頭の上を見ます。この時に頭は動かしません。

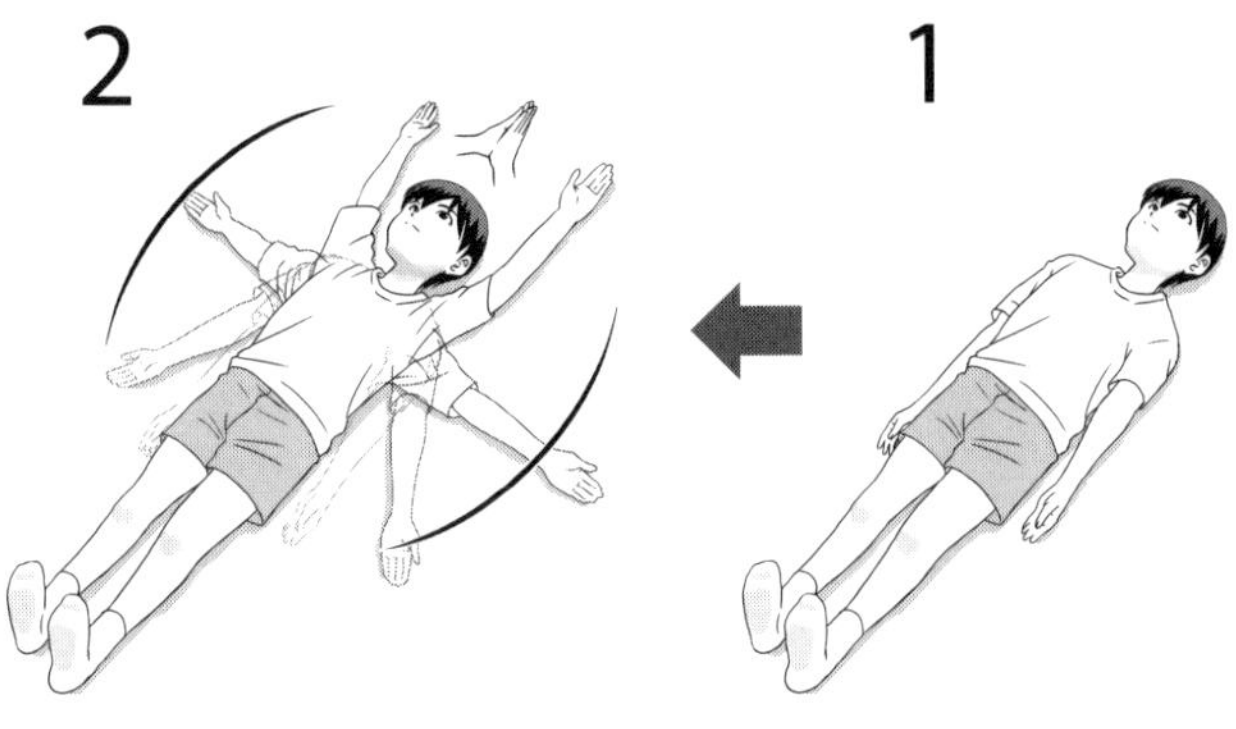

③　次に大きく弧を描きながら両腕を元の位置へと戻し、同時に目は足元のほうを見ます。両腕が同時に動き、両手が頭の上で触れ合い、そして戻す。頭を動かさず両目がそれを追うようにゆっくりと5回繰り返します。

④　今度は足です。両足を均等に、ひざを曲げずに広げられるところまで広げます（イラスト3）。

⑤　②のように両手を頭の上へと動かします（視線も頭の上へ）。そこから

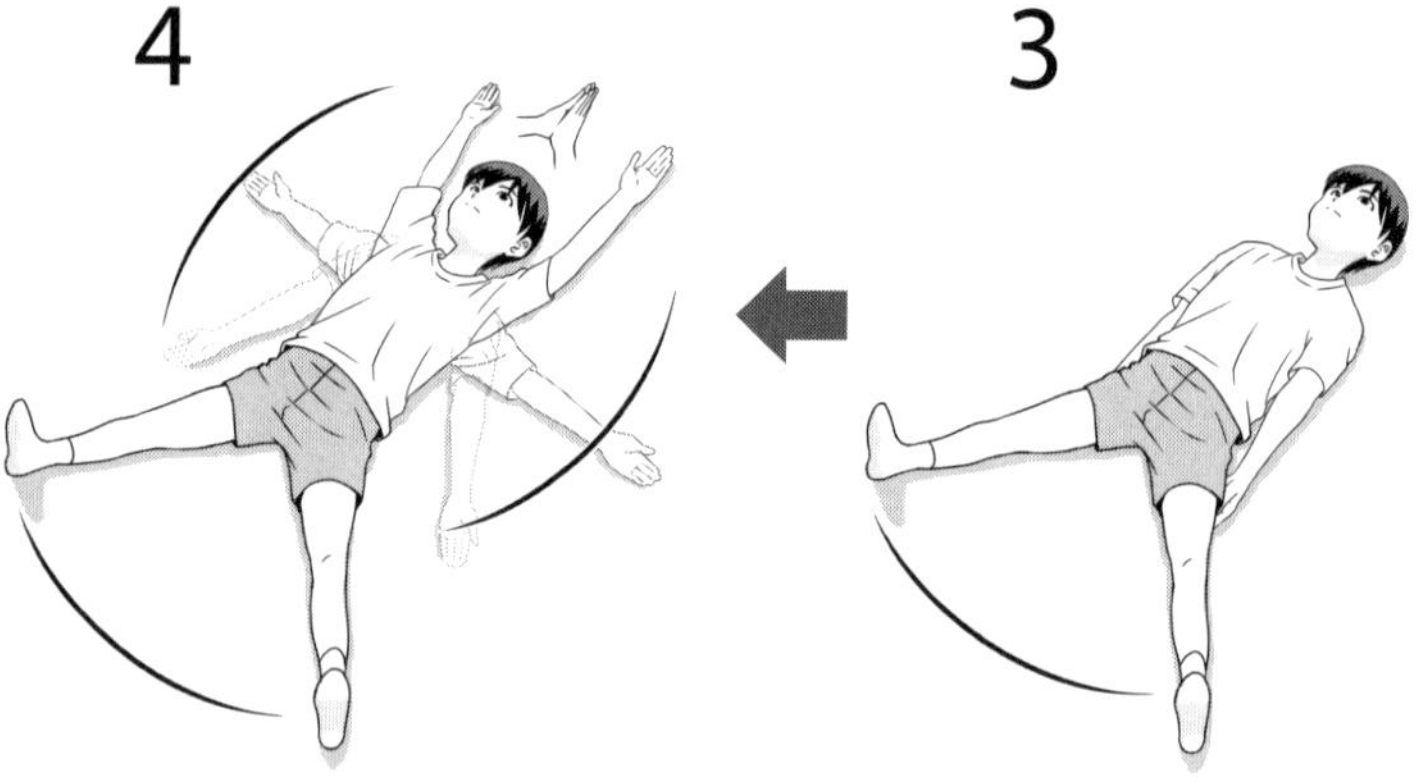

手と足を閉じるように、元の位置へ戻します（視線は足元へ）（イラスト4）。ゆっくりと5回、なめらかに目と足が協調して動くように繰り返します。

⑥

続いて腕と足を逆に動かしてみます。両腕を広げながら頭上へと動かし、その時に両足はゆっくり閉じます（イラスト5）。そして両腕を元に戻す時、両足は広げる動きをします（イラスト6）。これをゆっくりと5

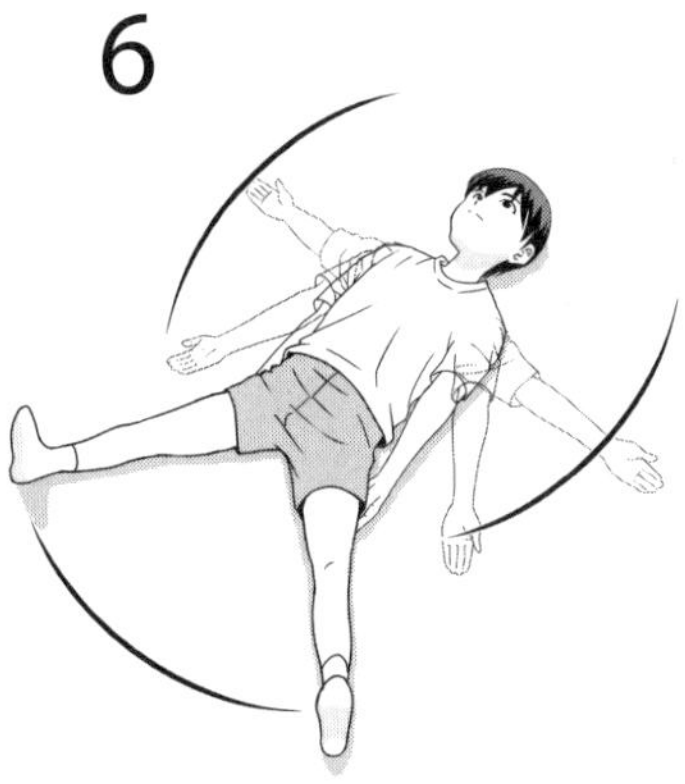

回繰り返します。

⑦ 今度は右腕と右足だけを同調して動かします（イラスト7）。

⑧ 次に左腕と左足だけを同調して動かします（イラスト8）。

⑨ ⑦と⑧を交互にゆっくりと5回繰り返します。これが〝same〟「同じ」の動きです。

⑩ 今度は右腕と左足だけ動かします（イラスト9）。

⑪ 次に左腕と右足だけ動かします（イ

7

8

ラスト10)。

⑫ ⑩と⑪を交互にゆっくりと5回繰り返します。この動きはクロスパターンの〝not same〟「同じではない」の動きです。最初はうまくできないかもしれませんが、根気よく続けてください。

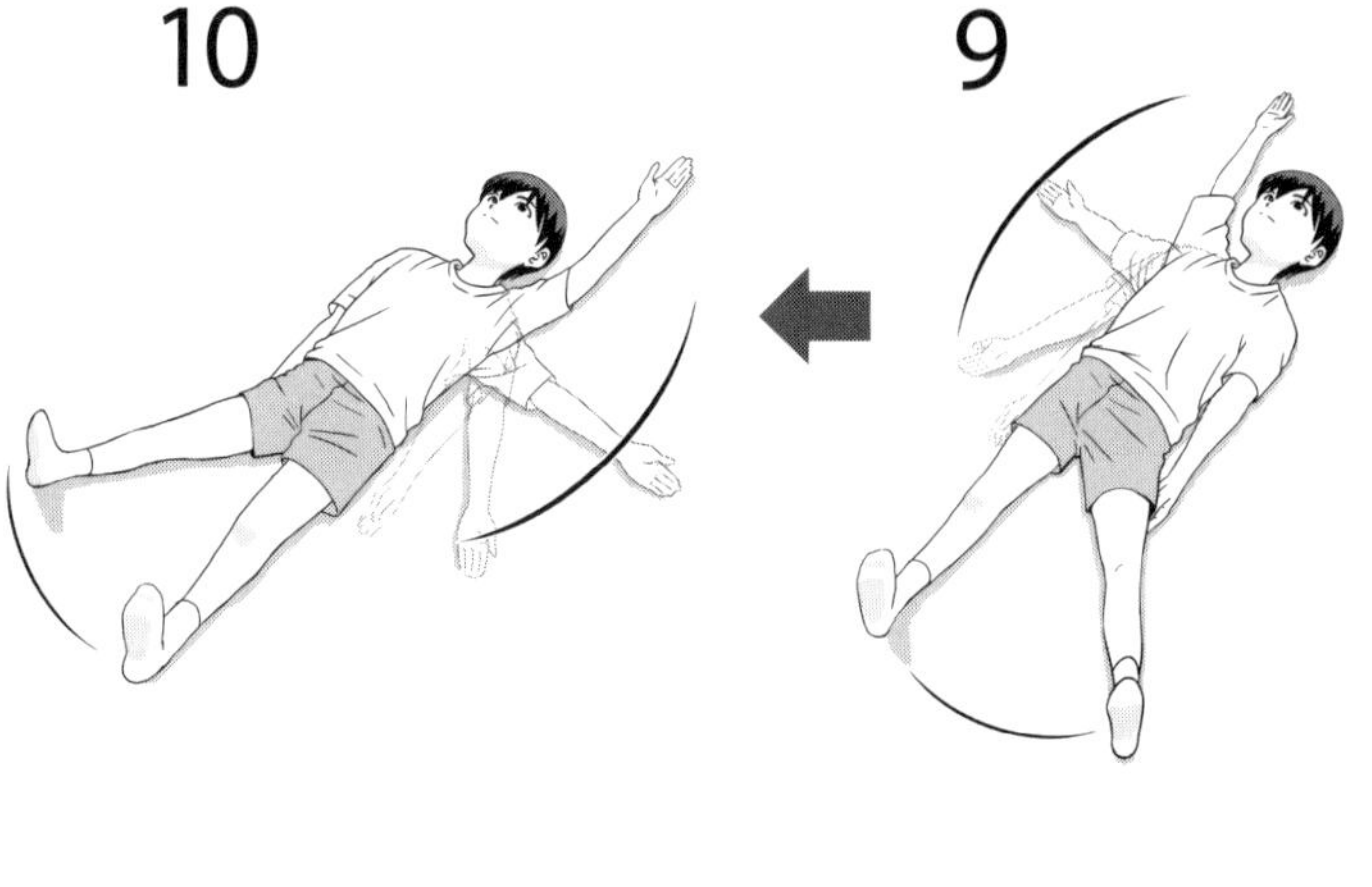

**［フリップフロップ］**

①　床の上にうつ伏せで寝ます。

②　左耳を床につけるようにして顔を右へ向けます。

③　右腕のひじを曲げて右手を顔の横に持ってきます。左手は左のお尻の近くへ置きます。

④　右足のひざを曲げます。左足はまっすぐのままです（ここまでがイラスト1）。これが〝same〟つまり「同じ」の状態の手と足です。ここからスタートします。

⑤　今度は②〜④の動きをフリップ（反転）します。

⑥　まず顔を反対側（左）に向け、同時に左腕のひじを曲げて左手を顔の

横に持ってきます。右手は右のお尻の近くへ移動させます。

⑦ また、右足はまっすぐ伸ばし、左足のひざを曲げます（ここまでがイラスト2）。①～⑦の動きをゆっくりと5回繰り返します。

⑧ 次に「同じではない」〝not same〟の動きをします。今度は手と足が逆のクロスパターンとなります。顔が右を向いている時は、曲げる腕は右ですが、曲げる足は左へと変えます（イラスト3）。曲げる腕が左の場合も同様に逆の足を曲げます（イラスト4）。急がずにゆっくりと正確に、5回繰り返します。

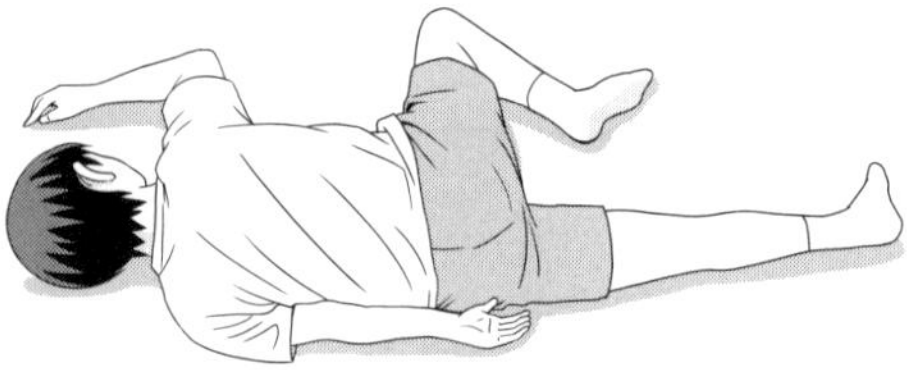

1

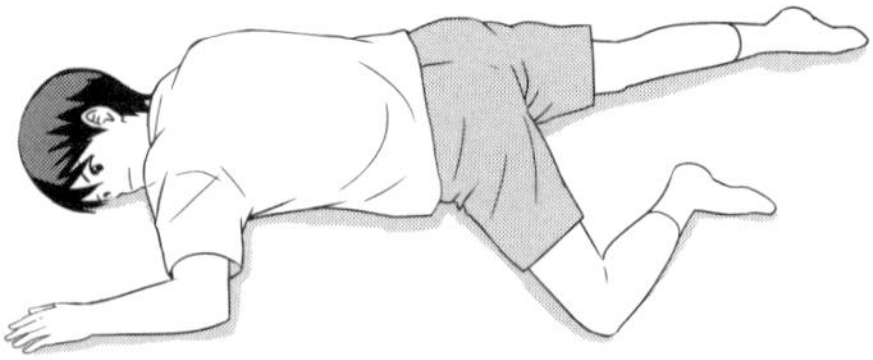

2

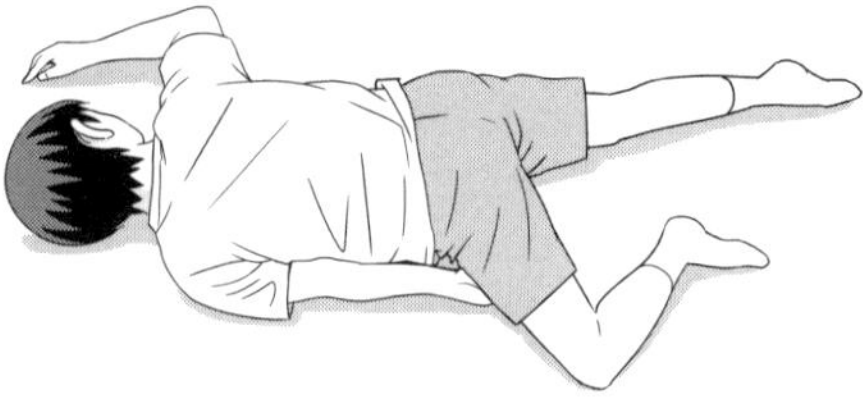

3

4

【クマ歩き】

① 床の上で四つん這いになります。この時、かかとが床から離れないように、そしてひざを曲げないようにしてください。お尻をなるべく高く上げ、両足は少し開き気味にします（イラスト1）。

② この状態でクマのように歩きます。最初は右手を前へ出す（イラスト2）のと同時に左足が前に出る

1

（イラスト3）という〝not same〟つまり「同じではない」のクロスパターンで歩きます。

③ 次は同様に左手が出るのと同時に右足が出ます（イラスト4）。このクロスパターンの動きをなめらかにできるようにトレーニングします。ゆっくりと繰り返し5回行ってください。

④ ③ができるようになったら、今度は前歩きだけではなく、後ろ歩き、

2

3

横歩きなどで行ってみてください。後ろ歩きはなかなかうまくできずに苦労するかもしれませんが、根気強くやって続けてみましょう。

⑤ ①〜④までのクロスパターンができるようになったら、次は同じ側の手と足を同時に動かす〝same〟「同じ」で同様にトレーニングします。これもじっくりと時間をかけて、焦らずに続けてみてください。

## 【カニ歩き】

①両手を床につけて腰を浮かします。この時、両手の指先はいつも足の方を向いているようにします。両足はベタッと床についた状態です（イラスト1）。この体勢から、両手、両足を交互に使って歩きます。

②最初は右手を前へ出すのと同時に左足が前に出る〝not same〟「同じではない」のクロスパターンで歩きます。

③前歩きができるようになったら後ろ歩き、横歩き、回転も行ってください。まずこのクロスパターンがなめらかにできるまで練習します。

④③ができるようになったら、次は同じ側の手と足を同時に動かす〝same〟「同じ」のパターンで練習します。前歩きから始めて後ろ歩き、

横歩き、回転と進めていってください。

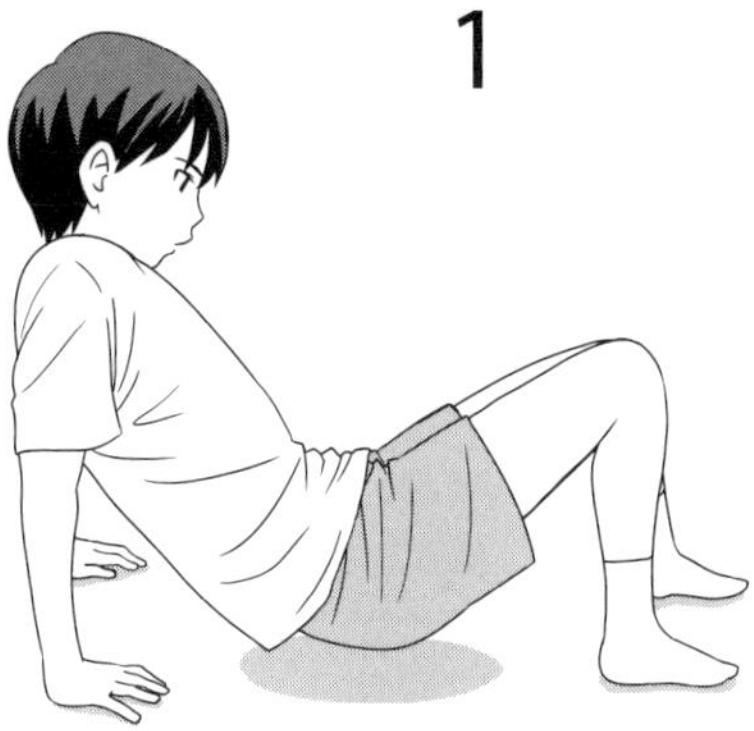

## 【スーパーマン】

① 床の上にうつ伏せになり、両腕、両足をまっすぐに伸ばします（イラスト1）。

② 頭、両腕、両足を同時に持ち上げ、ゆっくりと背骨を反り上げます。足と腕はまっすぐ伸ばし、視線は顔を上げ、正面を見るようにします（イラスト2）。

③ スーパーマンが空を飛んでいるイメージです。ゆっくり5つ数える間、同じ姿勢をキープし、数え終わったらゆっくりと床に戻ります。これを3回繰り返します。

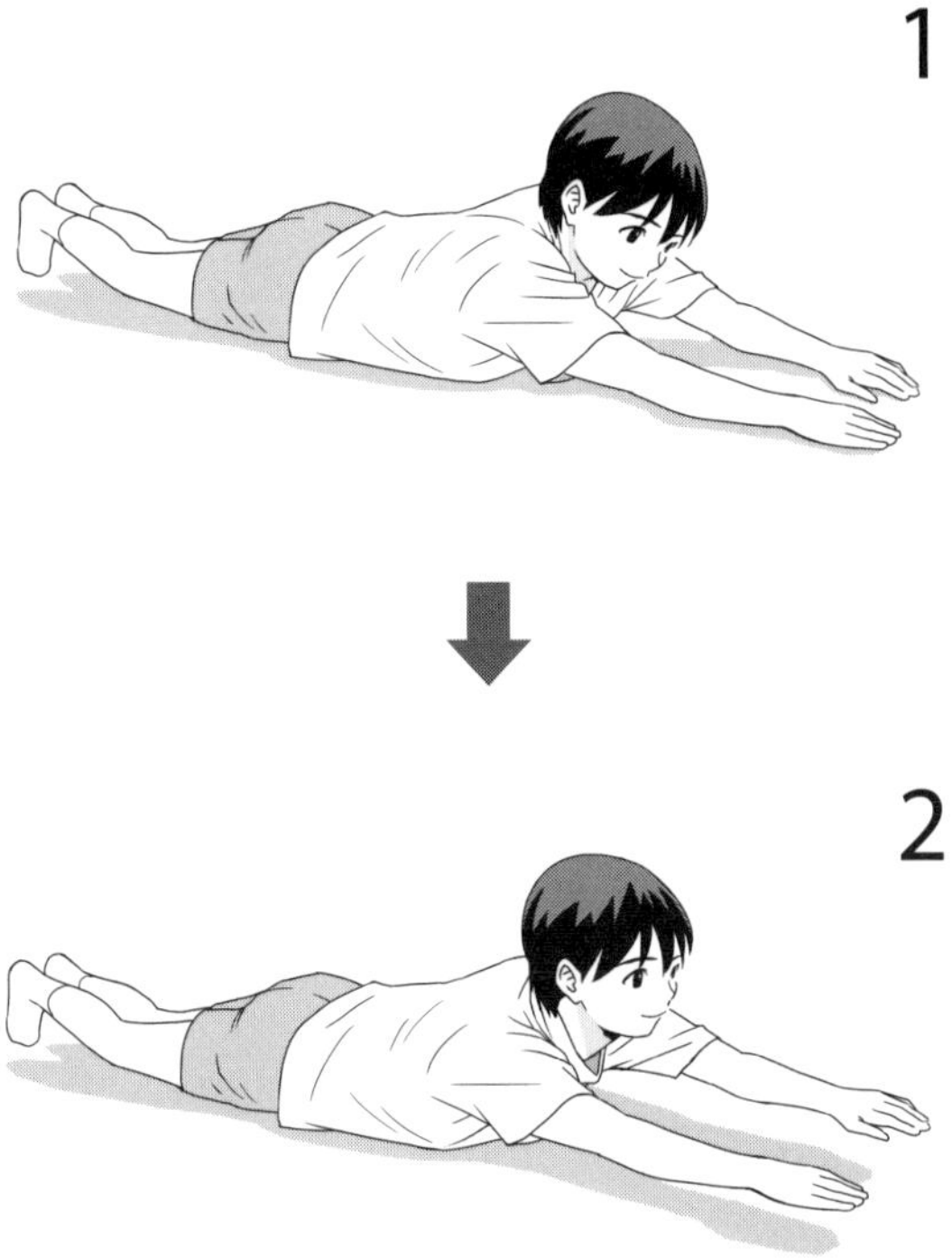
1
2

ここまでご紹介してきたトレーニングを、1日に5分でも10分でもいいので続けてみましょう。地道に、長く続けることが肝心です。

目にも、脳にも、体にも、さらにはボケ防止にも役立つビジョントレーニングをぜひお試しください。

第6章

# 目にいい生活と食事

## パソコンやスマホを見る時の姿勢はどうあるべきか？

人間は、集中している時やがんばっている時ほどまばたきの回数が減ります。パソコンを使って仕事をする人にドライアイが多いのは、パソコン作業に集中するあまりまばたきの回数が減ってしまうからです。

もはや現代では、パソコン作業に付き物ともいえるドライアイですが、東邦大学医療センター大森病院眼科の堀裕一教授によると、その症状をさらに悪化させる要因がもうひとつあるといいます。それはパソコンを見る時の目線の方向です。

人間は目線を上に上げると瞼も同時に上に上がり、目を見開く形となります。目を見開くということは、それだけ目が空気に触れているということですから、パソコンの画面を自分の顔の正面よりも上に配置している場合は上目づかいとなり、ドライアイの症状をさらに悪化させる原因となってしまうのです。

そういった理由から、パソコンにしろ、本を読むにしろ、長時間同じ作業をする場合は目線が下がるような位置で対象物を見るようにすることが、ドライアイを軽減させる大きなポイントとなるそうです。

就寝時、布団に入ってからスマホを見る人も多いと思います。そういった場合にも、目線が下になるような位置でスマホを見るようにするといいでしょう。

## 視力の矯正器具は何がいいのか？

スポーツをしている子供の中には、左右の視力に大きな差がある子も珍しくありません。そういった子供たちは、片目だけにコンタクトレンズを入れたりするなどの矯正方法を取っています。

最近ではサングラスに小さな穴をいくつも空けた「ピンホールメガネ」が、視力回復にいいと言われているようです。しかし、これは目の疲れを取ったり、仮性近視の人がやや視力がよくなったりということはあるかもしれませんが、視力回復につながるという医学的な証明はされていません。

堀教授が言うには、近年、視力補正の選択肢のひとつとして「オルソケラトロジー」と呼ばれる方法が注目されているそうです。

これは夜、眠る時に特殊なコンタクトレンズを装着し、寝ている間に角膜の形を矯正して近視を補正する（あるいは近視が進むのを抑える）というものです。

オルソケラトロジーは角膜の形を変える方法のため、眼球に柔軟性のある子供のほうが大人よりも効果的です。そういった理由から、大人よりも小・中学生にお薦めの治療法といえます。

また、子供のために作られた近視の進行を抑えるための目薬（低濃度アトロピンを含む目薬）もあり、そういった類の目薬の研究が今盛んに行われているようです。

幼少時の近視を放っておくと、大人になってから高度近視となってしまう場合もあり、高度近視は将来さまざまな目の病気になるリスクが高くなります。高齢となってからの失明を避けるためにも、子供のうちに軽度の近視でとどめておくことが大切なのです。

## 目薬には大きく分けて3種類ある

ドラッグストアにはたくさんの目薬が並んでいますから、「どれにしたらいいだろう？」と迷ってしまう人も多いのではないでしょうか。

目薬を買う時にいつも迷ったり、悩んだりしてしまう。そういった人たちは、目薬にはその用途により大きく分けて3つの種類があることを知っておくといいでしょう。

堀教授によると、目薬は次の3種類に分けられるそうです。

① 目の乾き（ドライアイ）を改善する目薬
② 目の疲れを取る、目に栄養を補給してくれる目薬
③ かゆみを取る、アレルギーなどに対応した目薬

この3つがあることを理解した上で、自分の目の状態に合った目薬を選ぶようにするといいと思います。

それでも「何を買ったらいいかわからない」「買った目薬をさしても症状が改善されない」といった場合は、すぐに眼科に行って、専門医に相談することをお薦めします。

また、加齢や肉体疲労などの原因によって、朝起きた時に目ヤニが出てくることがあります。堀教授の話では、自分の目ヤニの量の多さにびっくりした高齢者が来院し「抗生物質を含んだ目薬を出してください」とお願いされたことがあったそうです。

しかし、そもそも目ヤニは、目の中の異物を洗い流す際に生まれたもので、体的には鼻水などが出るのと同じ反応です。つまり、体の機能として細菌や花粉、ほこりなどの異物を出そうとしている正常な反応ですから、抗生物質などを用いる必要はまったくないのです。

それでも目ヤニが気になる場合は、先述したようにその症状に合った目薬を選ばなくてはなりません。ドラッグストアで薬剤師に相談してみてもいいでしょうし、何より、まず迷ったら眼科に行くのが最善の方法といえるでしょう。

## あなたの目薬のさし方は間違っている？
### ――効果的なさし方とは？

ドラッグストアではさまざまな目薬が販売されていますが、どの目薬も基本的に1滴を目にさせばいいようにできているとのことです。

とはいえ、多くの人が目薬をさす時、2〜3滴を目に垂らしているのではないでしょうか。1滴ではどこか物足りなく、2～3滴をさしてしまうその気持ちは私もよくわかります。

しかし、目薬のメーカーの方に話を伺うと、2～3滴をさしても結局はあふれてしまい、目の表面には1滴分しか残っていないそうです。

さらに、目薬の中には防腐剤を使用しているものもあり、そういった商品を過剰に目にさすのは逆に目に悪影響を及ぼす可能性もあります。

目薬をさして瞼をパチパチする人もいますが、あまりにまばたきをしすぎると、せっかく目に入れた目薬が流し出されてしまいます。また、目薬をさした後、瞼を閉じた状態で眼球をグルグルと回し、目薬を全体に行き渡らせようとする人もいますが、瞼を閉じていれば涙の成分と目薬が混じって自然と全体に行き渡りますから、眼球をグルグルするのはあまり意味のない行動だとのことです。

ここまで挙げてきたように、多くの人が間違った目薬のさし方をしています。そこで正しい目薬のさし方をご紹介しましょう。

## 効果的な目薬のさし方

①　上を向く
②　片目に1滴ずつ、目薬を垂らす
③　瞼を閉じたまま、上を向いた状態を10～20秒保つ

この①～③の流れを行うだけで、目には十分に目薬が行き渡ります。

また、目の病気になると、医者から2～3種類の目薬を処方されることがあります。このように違った種類の目薬を一回でささなければならない場合は、目薬をさす間隔を1～2分は空けるようにしてください。間隔を空けずに目薬をさすと、最初にさした目薬が次の目薬で流し出されてしまい、さした意味がなくなってしまいます。

違う種類の目薬をさす場合は、1～2分は間隔を空ける。目薬のさし方として、これも覚えておくといいでしょう。

## UVカットのサングラスは子供もしたほうがいいのか？

昔から「紫外線は目に悪い」と言われていますが、なぜ人体に害があるのかをここで詳しくご説明しましょう。

紫外線を浴びすぎると目の水晶体が濁る病気、「白内障」になります。白内障は歳を取ると誰でもなる病気ではありますが、紫外線を浴びすぎると若くても白内障になることがあるのです。

堀教授によると、さらに紫外線は目に「翼状片」という病気を引き起こすきっかけにもなるそうです。この病気は、白目の表面を覆っている結膜がイボのようになって黒目の角膜に入り込んでくる病気です。翼状片になると、角膜に乱視が起こって視力の低下を招いたり、目に異物感を覚えるようになったりします。これも高齢者に多い病気ですが、紫外線を浴びすぎると若年層の方でも発症することがあります。

白内障にしろ、翼状片にしろ、紫外線量の多い南国に罹患者の多いことがデータからも明らかになっており、屋外にいることの多い仕事（農業や漁業など）の方に発症率が高いこともわかっているとのことです。若くして白内障や翼状片を発症するのはある意味、職業病といってもいいかもしれません。

日本では子供にサングラスをさせる教育文化がありませんが、アメリカでは「紫外線は体に害がある」という教育が進んでおり、カリフォルニアなどの紫外線量の多い地域では子供たちが普通にサングラスをして街中を歩いていますし、野球少年たちもメジャーリーガーのようにスポーツタイプのサングラスをしてプレーしています。

また、医学界で調べたデータによると、少年野球チーム、少年サッカーチームそれぞれに所属する子供たちの目に当たる紫外線量は、サッカーのほうが多いという結果が出ています。これは野球をしている子供たちがサングラスをしているからではなく、帽子を被っているから目に入る紫外線量が少なかったそうです。

つまり、サングラスをかけなくても、帽子を被るだけで目に入る紫外線量を減らす効果があるのです。そういった理由から、夏期に子供が屋外で遊ぶ際には、帽子を被らせるようにすればいいでしょう。

近年では、目に入る紫外線量を減らすＵＶカットのサングラスが主流となっていますが、サングラス選びにも気をつけないといけません。サングラスの中には「ＵＶカット」と謳いながら、ＵＶカット効果がまったくない、いわゆる「バッタもん」のサングラスも少なからず販売されているといいます。

人間の目は、暗いところだと目に入る光量を増やそうとするため瞳孔が開きます。UVカット効果のないサングラスをかけた場合、瞳孔が開いた状態となりますから、当然目に入る紫外線量も増えることになります。サングラス選びに間違うと、UVカットのつもりがUVを増やしていたなんてことにもなりますから、サングラスは信用のある販売店、あるいはメーカーで買うようにしたほうがいいと思います。

最近話題となっている「調光レンズ」も、お薦めしたいサングラスのひとつです。これは紫外線の量によって、レンズの濃度が変わるという画期的なレンズです。屋内では普通のメガネなのですが、日差しの強い屋外に出ると自然にレンズの色がサングラスのように濃くなり、目に入る紫外線量を減らしてくれるのです。興味のある方は「調光レンズ」を扱っているメガネ販売店に行ってみてください。

## 目の疲れを取るにはマッサージや温めることが有効

先日、とあるテレビ番組で、目をスプーンでマッサージすると視力が一時的に回復するという情報を紹介していました。

この時のスプーンマッサージは、スプーンの腹の部分で目の周りの筋肉をほぐしていくというものでした。

このマッサージは本当に効果があるのか？

堀教授に話を聞いたところ、スプーンでなくても手の平で目の周囲をマッサージしたり、こめかみのあたりを手でもみほぐしたりするのは血流をよくし、目の使いすぎで疲れた眼球やその周囲の働きを回復させる可能性はあるとのことでした（根本的に視力を回復させるものではありません）。また、堀教授は疲れた目を元に戻すには、温めるのが効果的だと話してくれました。

ちなみに堀教授は、患者さんにはドラッグストアなどで売られている「ホットアイマスク」を薦めているそうです。

最近では目薬でもヒヤッとするクールタイプのものが人気なので、「疲れ目は冷やすのがいい」と思っている方も多いかもしれませんが、実は血流をよくするためにも疲れ目は温めたほうがいいのです。

とはいえ、「冷やしたほうが気持ちいい」という人はそれでも問題ないそうです。基本的に目は温めたほうが血流はよくなり、疲労が回復するということだけは覚えておくといいでしょう。

## 「ブルーベリーが目にいい」はウソ――脳にいいことは目にもいい

目に関することで昔からよく言われているのが、「ブルーベリーは目にいい」という話です。みなさんも一度くらいは聞いたことがあるのではないでしょうか。

「ブルーベリーを食べると視力が回復する」

「ブルーベリーを食べると目の疲れが取れる」

そんなふうに言ったりもしますが、ブルーベリーは抗酸化性の高い食物なので、そういった意味では体にいい影響を及ぼします。「目だけにいい」わけではなく、体全体にいいのです。

堀教授によると、科学的、医学的根拠のある「目にいい食材（成分）」は、ケールのような緑黄色野菜に含まれているルテインだそうです。ルテインは網膜を守る作用がある他、目の疲れの原因となる活性酸素を抑制したりする働きも持っています。

青魚系に多く含まれているオメガ3という成分も、網膜や水晶体に栄養を補給してくれる成分として知られています。

しかし、ルテインにしても、オメガ3にしても、「目の健康にいい」というだけで、それを摂ったからといって視力がよくなるわけではありませんから、そこは勘違いをしないでください。

『バカの壁』で知られる解剖学者の養老孟司さんは、「目は脳の出店である」とおっしゃっています。母親の胎内で成長していく胎児はその初期段階において、目は脳の内部で成長し、段階を経て独立した器官となります。つまり、目はもともと脳の一部でしたから、「脳にいいことは目にもいい」といえ、「しっかりと休息を取る」「ストレスを抱えない」といった脳にいいことは、目にもいいといえるのです。

その流れからいえば、脳に悪いことは目にも悪いといえます。喫煙、飲酒はもちろん、仕事のしすぎや人間関係の不和といったストレスとなるような環境も、目にはよくありません。

「脳にいいことは目にもいい」

これを合言葉に、自分の生活を一度見直してみてはいかがでしょうか。

# おわりに

みなさん、この本を読んでいただいてありがとうございます。

人は五感で生きています。

「視覚」「聴覚」「嗅覚」「味覚」「触覚」

私たちは、この5つの感覚からの情報を得て生きているのです。

五感はどれも大切な能力ですが、一番多くの情報を得ることができるのが「視覚」です。人はこの「視覚」に大きく頼って生きています。

しかし、多くの人はこの「視覚」について、十分な知識を持ち合わせていません。健康診断などで行われる視力検査によって自分の視力を知っている程度で、それ以上の「視覚」に関することを理解している人はほとんどいないのが現状です。

今回、みなさんにこの本を読んでいただいたことで、〝眼〟には「想像を絶するくらいのすばらしい能力」があることをご理解いただけたのではないかと思います。

私の周りには、この「すばらしい能力」を鍛えることで、自分の中に秘められたポテンシャルをさらに引き出し、人生を豊かなものにしている人がたくさんいます。

そしてこれは、スポーツの世界だけに限った話ではありません。本書で詳しくご説明したように、〝眼〟を鍛えることは学習能力の向上にも大きな効果をもたらすのです。

今までにはなかった「眼を鍛える」という発想を、ぜひみなさんの日常に取り入れていただきたいと思います。

そうすれば、きっと自分でも気づかなかった新たな能力が花開き、今まで見えていなかった新たな世界が見えてくるはずです。

さあ、今日から早速「眼のトレーニング」を始めましょう！

最後となりましたが、本書の制作にあたり、多大なるご協力およびご助言をいただきました特別視機能研究所のオプトメトリスト・内藤貴雄氏と東邦大学医療センター・大森病院の医学部教授（医学博士）堀裕一氏に心より感謝を申し上げます。

２０２０年３月１日

立花龍司

［参考文献］

内藤貴雄著
『眼から鍛える運動能力〜ビジョントレーニングのすべて』日刊スポーツ出版社
『眼で考えるスポーツ』ベースボール・マガジン社
『子どもが伸びる魔法のビジョントレーニング』日刊スポーツ出版社

［協力］

特別視機能研究所　オプトメトリスト　内藤貴雄氏
愛知県名古屋市中区栄3-22-6
http://www.menosite.com/

東邦大学医療センター　大森病院　医学部教授（医学博士）　堀裕一氏
東京都大田区大森西6-11-1
https://www.omori.med.toho-u.ac.jp/

スポーツ少年の運動能力を飛躍的に向上させる

# 強い「眼」の作り方

2020年4月3日　初版第一刷発行

著　　　者／立花龍司

発 行 人／後藤明信
発 行 所／株式会社竹書房
〒102-0072
東京都千代田区飯田橋2-7-3
☎03-3264-1576（代表）
☎03-3234-6208（編集）
URL　http://www.takeshobo.co.jp

印 刷 所／共同印刷株式会社

カバー・本文デザイン／轡田昭彦＋坪井朋子
協　　　力／内藤貴雄（特別視機能研究所）
堀裕一（東邦大学医療センター　大森病院）
須賀直博（参天製薬株式会社）
イ ラ ス ト／山本幸男
カバー写真／©GYRO PHOTOGRAPHY/a.collectionRF/amanaimages
©ZAMA/orion/amanaimages
編集・構成／萩原晴一郎

編 集 人／鈴木誠

Printed in Japan 2020



ISBN978-4-8019-2236-5